Verbeelden en Verbinden

mindfulness en kunst

Irma Smegen

NUR 100, 150, 723
ISBN 978-90-8277-104-6
Eerste druk 2020

Redactie: Marita Weener, www.redactiebureaumaritaweener.nl
Ontwerp en vormgeving: Sabrina Wakker, www.wakkerdesign.nl
Getekende illustraties: Irma Smegen, www.irmasmegen.com
Foto's: Zie de fotoverantwoording op pagina 117
Uitgever: Speel je Wijs, www.speeljewijs.com
Druk: Drukwerkconsultancy, www.drukwerkconsultancy.nl

Verbeelden en Verbinden

mindfulness en kunst

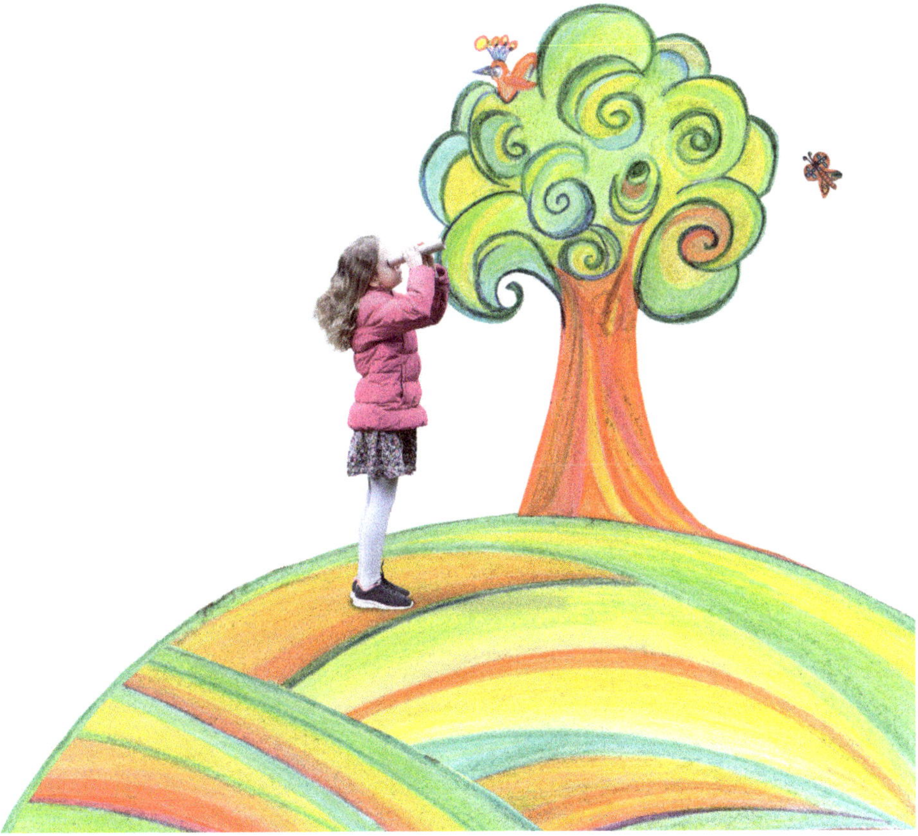

Irma Smegen

Inhoud

Voorwoord

voluit

we zijn het haast *verleerd:*

het treuzelen, het drentelen
het dartelen, het dromen
het kuieren, het luieren
het mijmeren, het stromen

we zijn het haast *verleerd:*

de lach, de groet, de sympathie
de sjeu, de lol, de harmonie
de liefdevolle vriendelijkheid
de zorgzame betrokkenheid

we zijn het haast *verleerd:*

want door de vaart, het jakkeren
het vliegen en het streven
vergeten we vaak onbewust
om echt voluit te leven

Tanja Helderman

Het ging mij al net zo. Ik vind van alles leuk, wil niets missen, heb nog minstens duizend plannen en draafde maar door. Gelukkig leerde ik dat het ook anders kan: stoppen om echt contact en verbinding te maken, en juist het stilstaan brengt me veel. Dat doe ik graag met mindfulness en kunst.
In een mindfulnesstraining die ik gaf, deelde ik eens zo'n oefening en dat leidde tot enthousiaste reacties en de vraag naar meer. Zo ontwikkelde ik als vervolg op *Spelen in Stilte* dit boek. Het was een feest om het te maken en de mooie ervaringen te horen van iedereen die onderdelen uitprobeerde. Bedankt voor jullie stimulans!
Ik wens je waardevolle ontdekkingen en een aandachtige reis in de wereld van creativiteit en kunsten toe, en … je mag de haast vergeten: neem de tijd.

Irma Smegen 

Inleiding

Verbeelden en Verbinden bestaat uit zestien kunstprojecten. Een bestaand kunstwerk is elke keer het startpunt en van daaruit zijn verschillende activiteiten beschreven die de creativiteit en verbeeldingskracht stimuleren. Mindfulness heeft steeds op verschillende manieren een rol.
Mijn liefde voor kunst en het feit dat je tijdens het maken van kunst daar vaak helemaal in op kunt gaan, gaven mij de inspiratie om te kiezen voor deze combinatie. Om hiermee anderen, jong en oud, de diversiteit en *flow* van mindfulness te laten ervaren en handvatten te bieden via verschillende invalshoeken.

Kunstbeleving en kunstbeoefening

Alle oefeningen en activiteiten zijn gericht op kunstbeleving en kunstbeoefening:

- o   Observeren (met alle zintuigen)
- o   Overdenken
- o   Je iets voorstellen en je inleven
- o   Verbeelden en fantaseren
- o   De uitvoering: zelf iets met kunst doen en kunst maken

Dit boek is een uitnodiging om gewoon te beginnen en te ontdekken wat er komt. Het biedt inspiratie om buiten de kaders te denken.

Iedereen kan kunst maken

We geven vaak een bepaalde waarde aan kunst. We vinden het mooi, goed of juist niet. Dat geldt ook voor wat we zelf maken. Soms is de wens om iets moois te maken groot en leggen we de lat hoog. Soms zo hoog, dat het je weerhoudt om eraan te beginnen.
Voor de oefeningen in dit boek is geen speciaal talent vereist. Er is dan ook geen leeftijdsgrens: zowel een kleuter als wie de pensioenleeftijd is gepasseerd kan meedoen. Je gaat zelf kunstwerken maken en werkt daardoor vaak aan een product. Maar dat is een bijkomstigheid en ondergeschikt aan het proces van maken en beleven. Het hoeft niet mooi of goed te worden. Het doel is vooral om op te merken wat de oefening je brengt en met je doet, en zo verbinding te maken met jezelf, anderen en de wereld om je heen.
Het afgelopen jaar zijn de oefeningen uitgeprobeerd. De jongste deelnemer was 3, de oudste 84. Er werd gewerkt in groepen van verschillende soorten scholen: basisscholen en voortgezet onderwijs, het regulier en het speciaal onderwijs. Ook in creativiteitscentra, bij gastouders en tijdens mindfulnesstrainingen werd er getest, en soms werden de oefeningen thuis gedaan, alleen of met het gezin. Het bleek breed inzetbaar, zoals is te zien op de foto's en te lezen in de reacties die in het boek zijn opgenomen.

Mindfulness

Mindfulness is 'aandachtstraining', 'opmerkzaamheid' of 'bewust zijn'. Dat is precies wat je gaat doen: je aandacht richten, en je bewust zijn van jezelf en de wereld om je heen. Dat doe je op een actieve manier door de ene keer met aandacht naar een kunstwerk te kijken, de andere keer door je te laten meevoeren in een geleide meditatie. Misschien ga je op zoek naar een geschikte plek om je werk te gaan maken. Om aansluitend aan de slag te gaan, altijd in stilte.

Overzicht

In de eerste hoofdstukken van het boek lees je wat het belang is van mindfulness en stilte, waarom gekozen is voor de mix van mindfulness en kunsten en hoe dat kan leiden tot verbinding.

Daarna volgt het praktische deel met de kunstprojecten. Zestig oefeningen, stap voor stap beschreven, aangevuld met achtergrondinformatie over technieken en termen en over de geschiedenis van kunststromingen. Je hebt er geen ingewikkelde of kostbare materialen voor nodig en de oefeningen zijn eenvoudig uit te voeren.

De oefeningen stimuleren de verbeeldingskracht. De geleide meditaties nemen je mee naar een andere wereld waarna je zelf aan de slag gaat. Verbeelding is krachtig en vaak ook prachtig. Het maakt je wereld groter en rijker.

Website: **www.irmasmegen.com**
Bij dit boek is extra informatie verkrijgbaar.
Als dit symbool 🖥 te zien is, dan is er op de website een beeld, filmpje of andere aanvulling te vinden.
Klik op 'Verbeelden en Verbinden'.

1. Verbeelden

In je hoofd
kun je alles.
Fietsen naar de maan,
boven op de wolken staan.
Strelen met je handen los,
lopen door een donker bos.
Vechten als een tijger,
dansen met een elf.
Afscheid nemen
zonder tranen,
alles gaat vanzelf.

Theo Olthuis

Verbeelding is grenzeloos, met behulp van verbeeldingskracht is alles mogelijk. Je kunt je voorstellen hoe je als een meeuw door de lucht zweeft, dat je zo klein bent dat grassprietjes zo hoog zijn als bomen en dat je kamer is opgeruimd door een luchtstroom die even langs kwam waaien. Je hoeft niet over een uitzonderlijk rijke fantasie te beschikken om je mee te laten voeren door een verhaal. Verbeelding kan nieuwe ervaringen opleveren; je ziet het voor je en de beleving verruimt je blik.

1.1 Mindfulness en verbeelding

Mindfulness is stilstaan bij wat er nu is. Opmerken wat je nu voelt en ervaart en observeren welke gedachten voorbijkomen. Verbeeldingskracht is een veelgebruikt onderdeel binnen mindfulness. Je leert te visualiseren en je gedachten bijvoorbeeld te zien als wolken in de lucht. Die komen, veranderen en gaan.

In dit boek heeft de verbeelding een prominente plek als middel om het voorstellingsvermogen en de creativiteit te stimuleren. Het kan leiden tot nieuwe inzichten of beelden en je op ideeën brengen tijdens het creëren van iets nieuws.

Daarnaast is binnen een creatief (denk)proces even loslaten belangrijk. Een pauze schept ruimte voor nieuwe ideeën of oplossingen: een ingeving van de rechterhersenhelft. Wetenschappers en kunstenaars lassen momenten van afstand nemen bewust in, vol vertrouwen dat een ingeving van de rechterhersenhelft zal volgen.[1] De meditaties zijn de momenten van afstand nemen van het (maak)proces.

1.2 Waarom is verbeeldingskracht waardevol?

Fantasie hoort bij een verbeeldingswereld waarvan we accepteren dat die niet echt is. Fantasie kan een duidelijke invloed hebben op onze werkelijkheid; je voorstellingsvermogen kan een oefening vereenvoudigen. Als je bijvoorbeeld in een oefening je lichaam mag ontspannen, kan dat gemakkelijker zijn als je je verbeeldt dat je op een heerlijk zacht bed ligt of in de warme zon op een prachtig strand.

Verbeelding is krachtig en kan emoties versterken of afzwakken. Als je bijvoorbeeld naar een sollicitatiegesprek gaat, dan kan het je inbeelden hoe zo'n gesprek gaat verlopen je al rustiger maken. Vaak gebeurt dat onbewust, maar je kunt het ook heel bewust doen. Als je heel gedetailleerd over zo'n situatie fantaseert, je een beeld vormt van de kamer, de dikte van het tapijt, de lichtinval, hoe het er zal ruiken en hoe het gesprek zal verlopen, dan kan dat de angstgevoelens temperen.[2]

De meditaties in dit boek nemen je mee in een andere wereld, de wereld van de kunsten. Je ziet het voor je en kunt je inleven in het verhaal. Dat kan je op ideeën brengen die nog niet eerder bij je waren opgekomen. Die kun je dan weer toepassen in de maakopdrachten.

1.3 Creativiteit

Verbeelding en fantasie zijn essentieel binnen een creatief proces. Creativiteit is een vaardigheid die in elke opsomming van de meest belangrijke vaardigheden van deze 21ste eeuw staat vermeld. Geen wonder; we hebben creativiteit nodig. We hoeven echt niet allemaal een kunstenaar of ontwerper te zijn, maar creativiteit is in veel opzichten, zowel binnen je werk als wanneer je thuis bent, handig. Het stelt je in staat om oplossingen te bedenken, een lekkere maaltijd te bereiden met de laatste restjes eten, een handig kastje te creëren in dat ongebruikte hoekje onder de trap en er toch een feestje van te maken als de taart is gevallen.

Op dit moment is het zo dat onze creativiteit gemiddeld in kracht afneemt vanaf ons zesde jaar.[3] Dat kan anders. Ons creatief vermogen neemt toe als je oefent en experimenteert; het maakt niet uit hoe jong of oud je bent. Laten we de fantasie en creativiteit prikkelen en stimuleren. Laten we ruimte maken om te experimenteren, eigen wegen te bewandelen en openstaan voor ideeën die afwijkend zijn.

---

[1] Mieras, 2015.
[2] Mathijssen, 2017.
[3] Van Heusden, 2012.

In dit boek vind je voorbeelden van opdrachten waarbij het eind niet vaststaat en er geen goed of fout is. Er is veel ruimte voor ieders kwaliteiten, eigen keuzes en improvisatie. Veel kansen voor uitprobeersels, experimenten, misbaksels en onmogelijkheden, die dan uiteindelijk misschien toch mogelijk blijken.

Confucius

2. Verbinden

Zullen we samen
gewoon samen

Het maakt me niet uit
wat, hoe of waar

Maar zullen we samen
samen, met elkaar

Gewoon JIP

We weten dat het belangrijk is om goed voor onszelf te zorgen. En toch zijn we dat soms wel eens even kwijt. Dan vergeten we het verschil tussen leven en geleefd worden en laten we ons meeslepen door het snelle tempo van de maatschappij. Een moment stilstaan kan goeddoen.

2.1 In verbinding met jezelf

Even een oefening doen waarbij je pas op de plaats maakt en de tijd neemt om verbinding te maken met jezelf, bewust op te merken waar je staat en met open aandacht te observeren hoe het nu eigenlijk met je is, kan helpen om meer inzicht te krijgen in jezelf. Daardoor merk je wanneer je een grens bereikt en kun je kiezen om beter voor jezelf te zorgen. Alleen jij weet wat heilzaam voor je is op zo'n moment. Even stilstaan, verbinding maken met wat er nu is en jezelf de vraag stellen: wat zou me op dit moment helpen nu ik dit allemaal merk? Om het antwoord dat alleen jij kunt geven te horen, moet je even stil worden, de verbinding met jezelf herstellen. En dat kun je dan vervolgens in het dagelijks leven ook toepassen. Bewust zijn en daar vervolgens naar handelen: als de energie zakt even een pauze nemen, na lang stilzitten een eindje lopen, op tijd eten en drinken, beseffen dat je soms echt nee kunt zeggen tegen die extra vergadering en minder bang zijn om iets te missen en dat leuke concert laten schieten. Dat stilstaan bij jezelf, contact maken en je bewust zijn van wat je nu in je geest en lichaam opmerkt aan gedachten, emoties en signalen van het lichaam, noemen we ook wel mindfulness.

2.2 Verbinding met de ander en de wereld om je heen

Als je goed voor jezelf zorgt, dan is er ook meer ruimte voor een ander en de wereld om je heen. Wie zijn eigen grenzen kent, kan grenzen van anderen beter inschatten. Dat maakt het samen leven gezelliger, want het verbetert de sfeer.

Met mindfulness ontwikkel je een open houding, het vergroot je inlevingsvermogen en helpt om minder snel te oordelen over wat de ander doet en wat jij doet. Je zult merken dat je milder wordt naar anderen en naar jezelf. Mildheid naar onszelf is nodig, want de meesten van ons zijn het strengst voor zichzelf en dat is nergens goed voor. Dit onderdeel zie je in dit boek steeds terugkomen.

'Loving kindness is a profound recognition that
our lives have something to do with one another,
that everyone counts, everyone matters.'

Sharon Salzberg

3. Mindfulness

Mindfulness is vanuit een open en onderzoekende houding in het leven staan en aandacht hebben voor dat wat er is. Met mindfulnessoefeningen leer je om je bewust te zijn van je emoties, gedachten en wat je in je lichaam voelt en de veranderingen daarin. Je hoeft niets weg te stoppen en leert dat alle zintuiglijke ervaringen erkenning verdienen, ook al zijn ze niet altijd leuk. Soms voel je je goed en soms ook niet. Gewoon omdat je je teen gestoten hebt of vanwege grotere narigheid in je nabije of verre omgeving waar je last van hebt.

Jon Kabat-Zinn

3.1 Accepteren

Je leert om jezelf te accepteren zoals je nu bent, en vriendelijk te blijven naar alles wat je ervaart, van moment tot moment. Als je bijvoorbeeld fouten maakt of als je ontevreden of ziek bent. Tegenslag hoort bij het leven.

Als je meer kunt openstaan voor de realiteit, in plaats van je ertegen te verzetten, je in je emoties te laten meevoeren of gevoelens te negeren, dan zul je milder zijn voor jezelf en anderen. Wie milder wordt voor zichzelf, zal meer geneigd zijn om milder te zijn voor anderen.

3.2 Wetenschappelijk onderzoek naar mindfulness

Inmiddels is er veel wetenschappelijk onderzoek gedaan naar de effecten van mindfulness. Daarin is te zien dat wie mindfulness beoefent, lekkerder in z'n vel zit en beter opgewassen is tegen dat wat het leven brengt, inclusief de uitdagingen die er nou eenmaal ook zijn. Je immuunsysteem gaat er beter van functioneren en het is een manier om zelf iets te doen aan je hoge bloeddruk. Zowel volwassenen als kinderen ervaren minder stress, angst en sombere gevoelens door het regelmatig doen van mindfulnessoefeningen.[4] Het helpt je om steviger in je schoenen te staan en in balans te blijven, ook als je wereld soms even wankelt.

🖥 Op de website staan links naar verschillende onderzoeken.

3.3 Het brein en meditatie

Onderzoek naar de relatie tussen meditatie en hersenstructuur staat nog in de kinderschoenen, maar er zijn al interessante feiten vastgesteld.

Zo is er tijdens een meditatie meer activiteit in de linkerhersenhelft en in gebieden in de prefrontale cortex (de voorste delen van de hersenen). Dit deel van het brein zorgt ervoor dat je in staat bent om te plannen, te analyseren en je aandacht ergens bij te houden. Verder zit hier je rem om impulsen als te veel drinken, roekeloos rijden en snoepen weerstand te kunnen bieden. Als je mediteert, werkt deze prefrontale cortex nauw samen met het limbische systeem, wat er weer voor zorgt dat je basale emoties zoals angsten en agressie beter kunt reguleren.

Mensen die mediteren, hebben meer 'grijze stof' in hersengebieden die te maken hebben met emotieregulatie, zelfreflectie, leren, geheugenprocessen en het innemen van verschillende perspectieven. De functie van die grijze stof is het verwerken van informatie.[5]

Bij mensen die een aantal weken meedoen met meditatiesessies neemt een deel in de hersenen dat de hippocampus of 'het zeepaardje' wordt genoemd in volume toe. Die heb je zowel in de linker- als de rechterhersenhelft en deze zijn belangrijk bij het leren en onthouden van nieuwe informatie, het reageren op stimuli en het reguleren van emoties. Wie mediteert, blijkt zich dan ook beter te kunnen concentreren en is in verhouding tot wie niet mediteert significant beter in het onthouden van nieuwe informatie.

---

[4] Frederiks, 2016; Van der Raadt, 2016.
[5] Brummer, 2015.

Met mindfulness leer je vaardigheden die bruikbaar zijn op school, binnen je werk en in je dagelijks leven.

De volgende punten kunnen je ondersteunen in een goede basishouding in mindfulness.

1. **Niet oordelen**: onpartijdig waarnemen en opmerken wat er is. Observeren zonder evalueren en categoriseren, niet indelen in goed en fout of slecht. De uitnodiging om niet te oordelen over jezelf, over de ander of over wat je maakt, is ook een uitnodiging om je oordelen niet te veroordelen.

2. **Geduld**: begrijpen en accepteren dat dingen vaak hun tijd nodig hebben, jezelf en anderen de tijd en ruimte gunnen om welke ervaring dan ook te mogen hebben. Geduldig zijn en jezelf de tijd gunnen.

3. **Frisse blik**: dingen zien alsof het voor het eerst is, alsof je alles als nieuw ervaart, net als een beginner en dat met een nieuwsgierige, open houding. Elke ervaring is een nieuwe, elke dag is nieuw, elk moment is nieuw. Je kunt op die manier andere aspecten van een bekende situatie tegenkomen en dat creëert nieuwe mogelijkheden.

4. **Vertrouwen in jezelf**: vertrouwen op de waarneming van gedachten, gevoelens en lichaamssensaties versterkt het vermogen om te onderscheiden welke informatie behulpzaam voor je is. Wanneer je vertrouwt op jezelf kun je verantwoordelijkheid nemen voor jezelf.

5. **Niet streven**: het willen bereiken van resultaten, uitkomsten of doelen loslaten.

6. **Acceptatie**: de bereidheid om de dingen te zien zoals ze werkelijk zijn, openstaan voor wat je waarneemt op dit moment. Accepteren dat het is wat het is.

7. **Loslaten**: wat er ook gebeurt, je niet laten meeslepen door gedachten, gevoelens, fysieke sensaties en ervaringen. Er niet in blijven 'hangen'.

8. **Milde vriendelijkheid**: dit is een kwaliteit die te maken heeft met het van goede wil zijn, compassie hebben voor jezelf en anderen, liefde geven zonder voorwaarden, je kunnen inleven in de situatie van jezelf en anderen en waardering hebben voor het huidige moment. Dit kan je helpen begrijpen dat we vaak geen controle hebben over fenomenen als pijn, ziekte en verlies. Immers, als we die controle wel hadden gehad, dan hadden we het vermoedelijk niet zover laten komen. Wanneer we dat kunnen begrijpen, rest ons niets anders dan mildheid en vriendelijkheid voor onszelf en anderen die met pijnlijke ervaringen en omstandigheden te maken hebben.

In dit boek komen deze onderdelen steeds terug waardoor je de basishouding (be)oefent. Ze zijn met elkaar verweven en versterken elkaar. Een beetje *humor* kan het nog wat veraangenamen.

> "Ohhh, mijn stapel valt. Niet erg, dat is oké.
> Ik kan gewoon opnieuw beginnen."
>
> Sander – 6 jaar

Met mindfulness oefen je om te luisteren naar signalen van je lichaam en je geest. Veel van wat je in je lichaam voelt, is een reflectie van emotie of gevoelens. Als je zenuwachtig bent, dan ben je misschien misselijk, je stem trilt of onbewust zijn je handen gespannen. Ben je blij, dan verschijnt er misschien een glimlach op je gezicht of je voelt prettige kriebels in je buik.
Als je goed luistert naar je eigen gevoelens en de signalen van je lichaam, voel je ook beter wanneer er een grens is of wanneer je een grens gepasseerd hebt. Als je het luisteren naar de signalen van je lichaam voldoende oefent, dan leer je steeds beter te luisteren naar jezelf en bij te sturen als dat nodig is. Dat wordt dan steeds meer een gewoonte, ook buiten de oefeningen.

3.5 Mindfulness met kinderen op school

We wensen voor onze kinderen vooral dat ze gezond en gelukkig zijn. Ons schoolsysteem is echter voor het grootste deel gericht op kennis vergaren. Toch zie je nu een kentering: steeds meer scholen maken ook ruimte voor het welzijn van de kinderen en nemen onderwerpen als mindfulness op in het programma. Niet verwonderlijk, want het welzijn van leerlingen is een belangrijk aspect van schoolsucces waar mindfulness direct invloed op kan hebben. Veel kenmerken van mindfulness zijn bovendien van belang bij leren:
- o focussen en verplaatsen van de aandacht
- o activeren van de concentratie en het denkvermogen, en
- o openstaan voor nieuwe informatie.[6]

In klassen en groepen die mindfulness beoefenen verbetert de sfeer. Met mindfulness ontwikkel je een open houding, het vergroot je inlevingsvermogen en helpt om minder snel te (ver)oordelen. Dit boek geeft ook leraren concrete oefeningen om in de klas uit te voeren. Ze kunnen eenvoudig verbonden worden met verschillende lesonderdelen. Afhankelijk van het thema werden in de testgroepen koppelingen gemaakt met sociaal-emotionele vaardigheden, taal, kunst of natuur, creatieve (mid)dagen en thematische lessen en projecten.

3.6 Geschiedenis

Je aandacht richten op dat wat er is, is niets nieuws. Het is van alle tijden en streken. De term mindfulness komt van oorsprong uit de boeddhistische psychologie en is de vertaling van 'sati', wat observeren betekent: oog hebben voor wat zich van moment tot moment voordoet.

- o 2500 jaar geleden
  Het concept waarop mindfulness is gebaseerd, brengt ons meer dan 2500 jaar terug in de tijd naar Siddhartha Gautama, bekend als 'de Boeddha'. De Boeddha was een jonge prins die op zijn zesentwintigste uit het paleis vertrok om zich terug te trekken. Hij ging zich richten op de vraag waarom lijden bestaat en hoe je ervan af kunt komen. Vanaf zijn vijfendertigste ging hij zijn gevonden inzichten aan anderen onderwijzen en werd daarmee een gerespecteerd spiritueel leider.

---

[6] Carson, Shih en Langer, 2001.

o 1960
De Vietnamese monnik Thich Nhat Hanh vertaalde de boeddhistische wijsheid naar praktische adviezen voor het dagelijks leven en maakte het gedachtegoed zo toegankelijker voor
onze westerse wereld.

o 1970
De Amerikaanse wetenschapper en bioloog Jon Kabat-Zinn paste deze inzichten toe in een
medische omgeving: vijftig jaar geleden ontwikkelde hij een training in concentratie en
bewustzijn om stress, angst en pijn te verminderen: de Mindfulness Based Stress Reduction
(MBSR).

o 1991
Van daaruit ontwikkelden de klinisch psycholoog Mark Williams en wetenschapsonderzoeker
John Teasdale (beiden uit Groot-Brittannië) samen met de Canadese psycholoog Zindel
Segal een programma dat zich richt op mensen met depressies: Mindfulness Based Cognitive
Therapy (MBCT).

De toepassing en training van mindfulness kun je dus zien als een combinatie van oost en west:
invloeden en technieken uit de boeddhistische psychologie en yoga, en wetenschappelijke
inzichten uit de westerse psychologie en neurobiologie.

Mindfulness is een staat van 'zijn'.
In het Engels vertaald met 'awareness',
dus: bewustzijn. In het Nederlands gebruiken we
ook wel de termen inzichtsmeditatie, aandachtstraining,
opmerkzaamheid of vriendelijke aandacht.

Om je mindfulness eigen te maken kun je oefeningen doen. Je neemt bewust de tijd voor zo'n mindfulnessoefening waarin je leert om je aandacht ergens op te richten en op te merken welke fysieke sensaties, emoties en gedachten er zijn. Dat kan op verschillende manieren en in dit boek vind je voorbeelden. De ene keer is het middel het volgen van een verhaal, dan weer het bestuderen van de schaduw, het schilderen van een boom of het maken van een foto. Je oefent om nauwkeurig te observeren en neemt een open en vriendelijke houding aan ten aanzien van wat er zich bij jou mentaal en fysiek voordoet. Je leert ondertussen dat je altijd opnieuw kunt beginnen.

De oefeningen die je in mindfulnesstrainingen leert en de oefeningen in dit boek zijn formele oefeningen. Je kunt mindfulness ook informeel oefenen. Dan pas je het toe in je dagelijkse leven; je concentreert je helemaal op wat je aan het doen bent. Je doet bijvoorbeeld met volledige aandacht de afwas. Je bent je bewust van wat je doet en zodra je merkt dat je aandacht is afgedwaald, breng je die terug naar de afwas. Of je luistert met alle aandacht naar iemand, en blijft de signalen die je eigen lijf en geest uitzenden ook opmerken, zodat je goed voor jezelf blijft zorgen terwijl je aandacht geeft aan de ander.

Zo kun je mindfulness op veel momenten inzetten. En als dit verankerd is, is het niet meer een moment van oefenen, maar een manier van leven: bewust zijn.

 Breathe and release anything that does not serve you. 

Moment to moment attention

In the here and now

Non-judgmental attitude

Detach from unhelpful thoughts

Forgive and be grateful

Unconditional acceptance

Learn with childlike mindset[7]

---

[7] Bron: www.mindfulnesscoach.com.au

4. Kunst

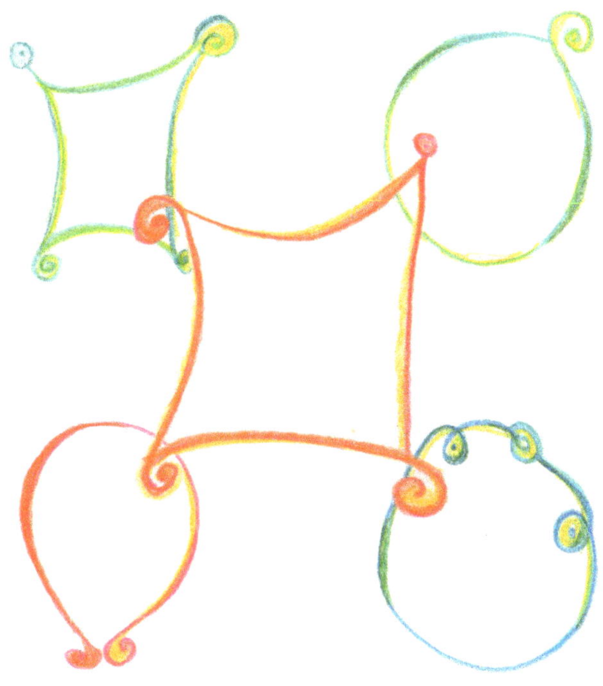

Berthold Brecht

Iedereen kent wel zo'n moment dat muziek je ontroert, je van een mooi schilderij geniet of een verhaal je aan het lachen maakt. Kunst kan soms zo krachtig zijn dat het iets los kan maken en je helemaal meevoert in wat je ziet, hoort en ervaart. Ontroering, bewondering, verdriet, afkeer, verbazing, … Jij met de kunst, samen met anderen of alleen, een mindful moment.
Behalve dat je kunst gaat beleven, ga je met dit boek ook zelf kunst maken, op alle mogelijke manieren en met alle vrijheid om te experimenteren, want oefening baart kunst.

4.1 Het toewerken naar een mooi of goed resultaat loslaten

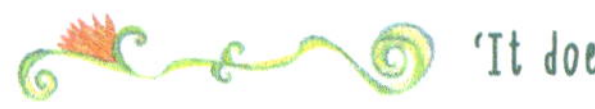 'It doesn't have to be perfect to be wonderful.' 

Suzanne Heyn

Kunst maken is meestal doelgericht: je bedenkt iets, maakt een plan en gaat dat uitvoeren. Je streeft ernaar om het product een bepaalde vorm te geven. Als je van kunstbeoefening een mindfulnessoefening maakt, dan is het grote verschil dat je het streven loslaat.

Het is dus in principe met dit boek niet de bedoeling om prachtige kunstwerken te maken; in feite doet het eindresultaat er zelfs niet toe. Het is een beetje paradoxaal omdat je wel naar het product toewerkt, maar het doel is om je steeds bewust te zijn van het proces: de beleving en de beoefening.

Je richt je aandacht op wat je *nu* aan het doen bent. Je zou het voor jezelf kunnen zeggen: ik doop mijn kwast in de verf, ik maak een verfstreek op het papier, ik maak een cirkel, ik maak de kwast schoon, ik kies een andere kleur, ik meng de kleuren, … Daarnaast kun je aandacht hebben voor wat er zich fysiek voordoet of welke gevoelens er zijn: mijn hand trilt, mijn voeten zijn koud, ik geniet van de stilte, … Zo breng je jezelf steeds in het hier en nu, stap voor stap ontstaat iets, en of dat nu lukt of niet is bijzaak.

Als je erin slaagt om oordelen over jezelf en verwachtingen over het eindproduct los te laten, dan geeft dat vrijheid. Door die ruimte kom je soms op andere gedachten en sla je een andere weg in. Een bijkomstigheid is dat dit soms toevallig toch leidt tot bijzonder werk of een product waar je trots op bent. En daar mag je dan natuurlijk volop van genieten.

'It must not be forgotten that the basic law of children's
creativity is that its value lies not in its results, not in the
product of creation, but in the process itself.
It is not important what children create,
but that they do create, that they do exercise
and implement their creative imagination.'

Lev Vygotsky

4.2 Afdwalen

 Don't believe everything you think. 

Aandacht zal altijd weer afdwalen, dat is normaal. Je wordt afgeleid door iets wat je hoort of iets dat gebeurt. Of door je eigen gedachten. Als mens hebben we allerlei gedachten. Op een dag tussen de 40.000 en 60.000. Negen van de tien gedachten zijn herhaling.[8] Sommige gedachten helpen je verder, andere staan juist in de weg. Mindfulness helpt je om je bewust te zijn van de gedachtestroom en keuzes te maken.

Als je merkt dat er (ver)oordelende gedachten zijn ('ik ben niet creatief', 'ik kan niet dansen', 'ik kan het lang niet zo goed als de anderen', 'dit is lelijk'), dan mag je die opmerken en vervolgens parkeren. Ook gedachten over straks ('als ik maar niet vergeet om …', 'ik kan vast niet met haar samenwerken') of wensen ('ik wou dat ik met een andere kleur was begonnen', 'ik wou dat deze

[8] Bron: www.mimoki.be

oefening voorbij was …') mag je erkennen. Je merkt op dat die gedachte er is (trouble), merkt het oordeel op (= double trouble), laat het oordeel los en gaat terug naar nu: 'ik schilder een lijn', 'ik meng de kleuren', … Je merkt de gedachte dus op en verbind je niet met je gedachte; je gaat er niet helemaal in op en kijkt er als het ware vanaf een afstandje naar – zo van: 'aha, een oordeel' – en gaat terug naar wat er *nu* is.

Door te oefenen leer je dat moment van afdwalen op te merken. Soms na een tijdje, een andere keer vrijwel meteen. Zodra je je bewust bent van het afdwalen ben je in staat om je aandacht op dat moment weer terug te brengen naar de oefening of activiteit.

4.3 Fouten maken als essentieel onderdeel van het leerproces

Albert Einstein

Binnen mindfulness is het erkennen van, en vervolgens loslaten van verwachtingen en oordelen een belangrijk element. Een creatief proces leent zich er uitstekend voor om dat te oefenen, want er gaat geheid iets mis of anders dan je bedacht had. Je oefent om als het anders gaat, dat gewoon op te merken en je proces er niet door te laten beperken of verstoren.
Als je een drup verf morst of een lijn verkeerd uitpakt, dan maak je dus niet meteen een prop van je papier om het weg te gooien. In plaats daarvan merk je op wat er gebeurt. Zo van: 'Een vlek! Tjonge, wat is dit balen.' Dat gevoel van balen mag er gewoon even zijn, het verdient volledige erkenning. Pas daarna is er ruimte voor de vraag 'Wat is, nu dit er is, goed om te doen?'
o   Stoppen (en je werk misschien weggooien)?
o   Je niet laten belemmeren en doorgaan (de vlek of verkeerde streep accepteren)?
o   In alle rust opnieuw beginnen?
o   Iets anders wat op dat moment past?

Net als leren lopen of veters strikken, is ook mindfulness een leerproces. Vallen, opstaan en weer doorgaan horen erbij. Van automatische piloot naar bewuste, aandachtige en bovendien vriendelijke piloot die beseft dat er een keuzemoment is.

4.4 Creatief proces
Een creatief proces kan een effectieve manier zijn om te oefenen met in het nu zijn. Iets maken vergt concentratie. Als je fotografeert en het juiste moment in een beeld wilt vangen, dan is er geen ruimte om tegelijkertijd nog bezig te zijn met die blunder van gisteren of welke boodschappen je nog wilt doen. Die gerichtheid kan ervoor zorgen dat je gefocust kunt blijven op wat je nu op dit moment doet. Soms brengt het je in een flow. 'Flow' brengt je in het 'hier en nu'.

4.5 Pomodoremethode

'Flow' kan ook een keerzijde hebben, misschien herken je dit: Je bent lange tijd heerlijk, geconcentreerd aan het werk, en als je stopt merk je dat je hoofdpijn hebt, koud bent geworden of dat je spieren helemaal stijf zijn. Onderweg ben je blijkbaar vergeten om op je eigen fysieke en mentale signalen te letten. Als dit je bekend voorkomt, dan zou je eens gebruik kunnen maken van de Pomodoremethode. Deze techniek is ontwikkeld door de Italiaan Francesco Cirillo om gericht te werken en slimmer om te gaan met uitstelgedrag en afleiding. Daarnaast kan de techniek behulpzaam zijn bij perfectionisme. Met Pomodore (genoemd naar de kookwekker in de vorm van een tomaat die Cirillo gebruikte) stel je nadat je hebt bedacht wat je gaat doen een (mindfulness)timer in waardoor je om de 25 minuten een pauze van 5 minuten inlast om na te gaan wat voor jou op dat moment belangrijk is om even te doen. Een ommetje maken, even afstand nemen, naar buiten kijken, iets eten of drinken ... Na vier sessies las je een langere pauze van 20 minuten of een half uur in.

4.6 Stressreductie

Cortisol is een hormoon dat gerelateerd is aan stress: hoe meer cortisol, hoe meer stress iemand ervaart. In een onderzoek[9] waarbij mensen kunst maakten, werd het cortisolgehalte gemeten voor en na het proces waarbij ze collages maakten, gingen kleien of tekenden. Bij 75% van de deelnemers was het cortisolgehalte na 45 minuten aanzienlijk gedaald. Ook in de testfase van dit boek kwam vaak terug dat kinderen en volwassenen het uitvoeren van de oefeningen ontspannend vonden.

> "Verbinding, verbeelding en creativiteit
> gaan hand in hand. Creëren is in het
> moment zijn. Door de opdrachten
> ontstaan nieuwe inzichten en ideeën
> op zowel creatief als persoonlijk vlak."
>
> Leerkracht plusklas middenbouw

[9] Drexel University, 2016.

5. Stilte

Mensen die met elkaar in gesprek zijn, spelende kinderen, een televisie, het geluid van een pinautomaat, het signaal van een smartphone, voorbijrijdende auto's, een sirene, … De wereld is vol geluiden. Je hoort ze de hele dag en ook 's nachts. Soms kies je ervoor en meestal is het er gewoon. Je hoort het soms al niet meer; de plekken waar het stil is en waar je alleen de natuur hoort, zijn schaars.

5.1 Mag de stilte iets luider zijn?

Alles in dit boek is, tenzij anders vermeld, bedoeld om in stilte te doen. Ook als je samenwerkt. Het kan ongemakkelijk voelen om stil te zijn en dat is begrijpelijk want we zijn het vaak niet meer gewend. Als het stil is, dan zijn we geneigd om die stilte te vullen. Tijdens een wandeling samen zijn we vaak in gesprek (en vergeten we soms om ons heen te kijken). Is een groep aan het schilderen, dan wordt er vaak met elkaar gepraat. We hebben het tot een gewoonte gemaakt. En ook als we alleen zijn, luisteren we ondertussen naar muziek, staat de tv nog aan of laten we de stilte onderbreken door onze smartphone.
In dit geval doen we dat niet en dat geeft een andere energie.

5.2 In stilte werken met een groep: laad me met rust

Een bijkomend voordeel van stilte met een groep is dat je beter gericht kunt blijven op je eigen creatieve proces. Je hoeft niet meer te vergelijken, te verklaren of uitleg te geven: "Wat maak jij?" "Welke kleur kies je?" "Waarom doe je dat zo?" "Wat bedoel je ermee?" "Kijk eens wat ik getekend heb." Gesprekken kunnen waardevol zijn en een creatief proces versterken. Tegelijk kunnen vragen en opmerkingen (soms ongemerkt) het gevoel geven alsof de ene keuze beter is dan de andere en soms sla je daardoor zelfs een andere weg in. In stilte blijf je meer bij jezelf en dit boek is vooral ontwikkeld voor je persoonlijke proces. Ook brengt het niet met elkaar spreken meer zelfstandigheid met zich mee. Je raakt minder afgeleid doordat je voor je eigen materialen zorgt en het zelf organiseert. Gewoon even lopen om een schaar te halen in plaats van die door te laten geven. Er is niets mis met elkaar helpen, maar in een groep kan het maar zo zijn dat je in een kwartiertje tekenen drie potloden gaat doorgeven. Natuurlijk kun je elkaar om hulp vragen als het nodig is, maar door de stilteafspraak ben je minder snel geneigd om dat te doen.
De stilte is de moeite waard. Het brengt nieuwe ervaringen en inzichten, je krijgt minder prikkels en stilte brengt een andere concentratie met zich mee. Verschillende onderzoeken laten zien dat stilte gunstige effecten heeft op je gezondheid[10] en goed is voor je brein. Stilte geeft ook ruimte

[10] Bron: Huffington Post.

Default Mode Network
De hersengebieden die actief zijn als je even niet gericht bezig bent, als je bijvoorbeeld dagdroomt of voor je uit staart, noem je het 'Default Mode Network'. Het is van belang om hier zo nu en dan aan toe te geven. Niet de hele dag, maar wel regelmatig eventjes zo'n vijf minuten. Want dit Default Mode Network zorgt er onder andere voor dat je brein je ervaringen verwerkt.

aan het zogenoemde 'Default Mode Network' in onze hersenen.
In stilte (samen)zijn kunnen we leren door er een gewoonte van te maken op bepaalde momenten. Voor veel mensen, of ze nou volwassen zijn of nog heel jong, is het een verademing. Stilte kan daadwerkelijk voelen als even opladen: laad me met rust.

"Het voelt heel fijn om stil te zijn."

Yarah – 6 jaar

"Heerlijk! Ik was vergeten hoe ik helemaal kan opgaan in iets maken.
Ik ga er nu echt weer tijd voor maken."

Noura – 32 jaar

6. Aan de slag

'Alleen met het hart kun je goed zien.
Het wezenlijke is voor de ogen onzichtbaar.'

De kleine Prins - Antoine de Saint-Exupéry

6.1 Projectopening

Elk project start met een kunstwerk. Dat kun je eerst eens in alle rust en stilte bekijken. Neem daar ten minste een minuut de tijd voor. Daarna kun je de groep of jezelf vragen stellen:

o Wat zie je?
   (Een mooie aanvulling of variatie is om je te beperken tot het benoemen van vorm- en kleur-elementen en niet meteen te zeggen welke voorstelling je ziet. Dus in plaats van benoemen dat je 'een huis' ziet, beschrijf je: "Het heeft rechte lijnen, veel aardetinten en schaduwen onderin het schilderij.")
o Wat gebeurt er?
o Waaraan zie je dat?
o Wat zie je nog meer?
o Kun je nog meer ontdekken?

Als je met een groep bent dan kun je ook vragen stellen als:
o Is iedereen het daarmee eens?

Of voor jezelf:
o Zou het ook (iets) anders kunnen zijn?

Hierdoor komen soms weer andere observaties naar voren.

Visual Thinking Strategies

Deze manier van kunst observeren heet Visual Thinking Strategies. Het is een leer-strategie uit Amerika waarin kinderen via kunst leren om onder begeleiding nauwkeurig te observeren, te onderbouwen wat ze zien, te formuleren en actief deel te nemen aan een gesprek. De interpretaties komen uit de kinderen zelf en er zijn geen goede of foute antwoorden. Met VTS leer je niet alleen af te gaan op een eerste indruk, open te staan voor meerdere interpretaties, mee te bewegen in het denkproces van anderen en respect te hebben voor andere meningen.

Bij elk kunstwerk vind je informatie over de maker(s) en op de website vind je nog aanvul-lende informatie.

6.2 Oefeningen

Bovenaan staat de oefening eerst kort beschreven. Vervolgens is een tijdsindicatie gegeven. Die is absoluut alleen bedoeld om een idee te geven; neem vooral de ruimte om ervan af te wijken. Daarnaast lees je welke materialen eventueel nodig zijn. Verzamel deze van tevoren en zet ze alvast klaar.
Als dat aan de orde is, dan staat vooraf vermeld:
o of er een minimumleeftijd is om dit te kunnen doen.
o of het een samenwerkingsoefening is.
o of het noodzakelijk is om een oefening (soms deels) buiten te doen.
   Veel oefeningen kun je buiten uitvoeren (wat mij betreft mogen we veel meer tijd buiten doorbrengen), maar als het er specifiek bij staat, dan betekent dat dat het voor die oefening echt noodzakelijk is om naar buiten te gaan. Ook wanneer specifiek weer gewenst is, staat dat erbij.

Elke oefening staat stap voor stap beschreven. Je kunt het eerst lezen en dan meteen uitvoeren.
Voel je ook zeker vrij om er een eigen versie van te maken.
De oefeningen zijn genummerd maar je hoeft ze niet altijd noodzakelijkerwijs in die volgorde uit
te voeren. Je kunt meerdere oefeningen op een dag doen of ze over verschillende dagen verspreiden en het is ook prima om onderdelen binnen een project over te slaan.

6.3 Wie kan de oefeningen in dit boek doen?

De oefeningen zijn laagdrempelig en iedereen kan in principe meedoen. Voordat het boek uit-
kwam, is het getest door verschillende doelgroepen en het bleek breed inzetbaar. Individueel of
samen thuis, op scholen, dagverblijven en kunstencentra, met groepen en klassen.
Bij fysieke beperkingen zijn de oefeningen meestal aan te passen aan de eigen mogelijkheden.
Ook het je voorstellen en inbeelden dat je de oefeningen doet is vaak een goed alternatief. Je
ziet dus voor je hoe je je arm strekt en weer ontspant, terwijl je je arm misschien helemaal niet
kunt bewegen of controleren. Verbeelding kan ook op deze manier een krachtig middel zijn.
Voor jonge kinderen, mensen die de taal nog niet goed spreken of mensen die een verstandelijke
beperking hebben, is het belangrijk om de taal aan te passen en eventueel de betekenis van
bepaalde woorden van tevoren te bespreken.

6.4 Tips voor wie een groep of klas begeleidt

Als je de oefeningen met een groep
begeleidt, dan kun je de beschrijving van
tevoren alvast een keer doornemen. Als
leraar of trainer ben je in eerste instantie
de begeleider, en tegelijk kun je een
deel van de oefeningen met de groep
meedoen. Door met volle aandacht
de instructie te verzorgen wordt het
geven van de oefening vanzelf een mindfulnessoefening voor jezelf.

Stemgebruik

Een meditatie is geen spannend voor-
leesverhaal; je kunt een 'natuurlijke'
stem gebruiken en mag een rustig tempo
aanhouden. Laat regelmatig stiltes vallen
tussen de verschillende stappen.

Taalgebruik

Pas de taal aan aan je groep en maak het naar je zin: geef er je eigen draai aan, verander, vul
waar nodig iets toe of sla onderdelen over.
Af en toe is er aanvullende informatie bij een oefening te vinden; schat zelf in of die informatie
relevant en interessant is om met de groep te delen.
Geef bij jonge kinderen aan dat ze bij de geleide meditaties de antwoorden in hun hoofd mogen
bedenken; ze hoeven ze niet hardop te zeggen. Als dat nog lastig is, dan kun je er ook voor
kiezen om eerst even een paar keer de ruimte te geven om het uit te spreken en daarna te ver-
volgen met 'antwoorden geven in je hoofd'.

De stilte en meditatie kunnen een nieuwe ervaring zijn. Als je de oefeningen uit dit boek met een groep doet, dan is het soms even wennen. Je zou als je een groep begeleidt het kunnen brengen als een 'experiment': "We gaan eens kijken wat het ons brengt, ik ben zelf ook benieuwd."

Zitmeditatie

Zitmeditaties doe je gewoonlijk rechtop zittend, in een actieve en waardige houding. Maar het werkt soms ook prima om groepen zelf de vorm van zitten te laten kiezen. Na een lange dag kan het bijvoorbeeld heel fijn zijn om met je hoofd op je armen op je tafel te kunnen rusten tijdens het zitten. Experimenteer hier maar mee.

**"Ik heb geen ervaring met meditatie,
maar het is stapsgewijs beschreven en daardoor goed uit te voeren."**

Kayleigh – leerkracht groep 3-4

6.6 In de lach schieten en omgaan met verstoringen

Als iemand gaat lachen of toch gaat praten, dan kun je daar in je begeleiding aandacht aan geven. Gewoon benoemen is meestal prima. Noem geen namen, je kunt zoiets zeggen als: "Misschien voelt het een beetje apart om zo stil te zijn en voel je daardoor spanning of maakt het je aan het lachen. Dat kan gebeuren en is niet erg. Als je dat bij jezelf merkt of je bent afgeleid doordat je dat hoort van een ander, dan breng je je aandacht weer even naar je adem. Voel hoe je adem je lichaam zachtjes laat bewegen." De adem kun je altijd gebruiken om met je aandacht weer naar terug te keren. Het kan goed zijn om samen af te spreken dat je elkaar tijdens het oefenen niet stoort.

Hetzelfde kun je doen als er verstoringen zijn van buitenaf: "Als je merkt dat je afgeleid wordt door het geluid van een vrachtwagen, dan kun je dat opmerken en je aandacht vriendelijk terugbrengen naar waar je nu met je aandacht was."

6.7 Na de activiteit of oefening

Na elke oefening of elk onderdeel kun je dat wat je gedaan en ervaren hebt voor jezelf overdenken of samen bespreken. In een groep kun je de keuzevrijheid geven om hier wel of niet aan mee te doen. Soms heb je hier behoefte aan, en soms misschien niet.

Als je een groep begeleidt, dan kun je deelnemers of kinderen in je klas naast een groepsgesprek ook de mogelijkheid bieden om op een later moment nog met je te praten over de oefening. Nabespreken kan ook in tweetallen in plaats van in een hele groep.

Voorbeelden van vragen die je (jezelf) altijd kunt stellen:
o Wat voel je nu?
o Is er iets veranderd ten opzichte van voor de oefening of tijdens de oefening?
o Kun je omschrijven wat dat is?

Omschrijven kan op verschillende manieren:
o Schrijven: korte of lange beschrijving, steekwoorden, een gedicht maken, als een dagboek, mindmap of woordweb, …
o Tekenen of schilderen: teken je lichaam en kleur het deel waar je het meeste voelde. Misschien vind je bij dit gevoel een bepaalde kleur passen. Of teken wat in je opkomt, helemaal vrij.

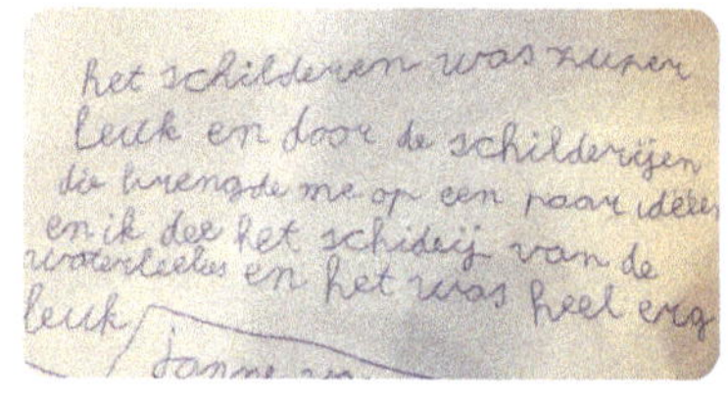

o Vormen: gebruik klei, hout of maak een foto waarmee je uiting kunt geven aan je gevoel. Maak een vorm, een beeld, en als je wilt vertel je er iets over.
o Je kunt je omschrijving een titel geven.

Laat je oordeel los; wat je ervaart aan fysieke sensaties, gedachten en emoties is nooit goed of fout. Het is wat het is, altijd persoonlijk en hoe jij dat omschrijft, is ook helemaal aan jou. Als je merkt dat er toch oordelen of veroordelingen zijn over je eigen creatie, merk dit dan op, observeer het en neem het als je wilt mee in je omschrijving.

 'In a world where you can be anything, be kind.' 

Dalai Lama

Als je een nagesprek begeleidt, dan is het van belang om zelf een houding aan te nemen die mindful is. Dat wil zeggen dat je verwachtingen loslaat, de volle aandacht hebt voor wie vertelt, oprechte interesse toont en geen oordeel verbindt aan dat wat gezegd wordt. In een groep kan een uitspraak van een begeleider als 'Wat mooi' of 'Goed zeg' ervaren worden als een waarde-oordeel en dit brengt het risico met zich mee dat dat iets is waar een volgende keer naar gestreefd wordt. Je kunt wel altijd bedanken of complimenten maken over het delen van een ervaring:

o   Dank je wel dat je dit zo open vertelt.
o   Bedankt voor het delen van je ervaring.
o   Mooi dat je je gevoel zo duidelijk beschrijft.
o   Goed dat je dit opmerkte en kunt beschrijven.

Begin een gesprek met te vragen wie er iets wil delen. Vaak is er niet veel nodig om iemand aan te moedigen om nog meer te vertellen. Woorden als 'oh', 'interessant', 'aha', of vragen als 'en toen?' of samenvatten: 'dus ik begrijp dat …' zorgen er vaak voor dat er als vanzelf een vervolg komt.
Kies eventueel een ezelsbruggetje (ook goed aan te leren aan kinderen):

LSD: Luisteren Samenvatten Doorvragen
NIVEA: Niet Invullen Voor Een Ander, of ANNA: Altijd Navragen Nooit Aannemen
POCON: Persoonlijke aandacht Open Creatief Ontwikkelingsgericht Nieuwsgierig
OEN: Open Eerlijk Nieuwsgierig

Als iemand een ervaring gedeeld heeft, dan kun je vragen:
o   of dat ook voelbaar was in het *lichaam*, of er fysieke gewaarwordingen waren en zo ja, waar dan. (Wat voelde je tijdens de oefening? Kon je dat gevoel in een bepaald deel van je lichaam opmerken? Waar? Hoe voelde dat?)

o   of er ook bepaalde *emoties* merkbaar waren. (Waren er bepaalde emoties tijdens de oefening? Wat deed dat met je? Eventueel kun je voorbeelden geven: Gaf dat je misschien een blij gevoel? Merkte je toen frustratie of boosheid?)

o   of er ook *gedachten* voorbijkwamen. (Weet je nog welke gedachten dat waren? Kun je je nog herinneren wanneer je die gedachte opmerkte? En wat gebeurde er toen?)

Bij alle drie de punten kun je vragen stellen over of daarin veranderingen plaatsvonden, of men nog weet wanneer er iets veranderde en wat er dan gebeurde:
o   Was dat de hele tijd hetzelfde of veranderde het misschien? Als dat zo was, kun je nog terughalen op welk moment? Wat voelde je toen? Waar?

Als iemand een ervaring heeft gedeeld kun je aan de groep vragen:
o   of anderen dat misschien ook herkennen.
o   of iemand iets anders ervaren heeft en dat wil delen.

Het is belangrijk om duidelijk te maken dat er geen goed of fout is: elke ervaring mag er zijn. Daarom is het aan te raden om meerdere ervaringen aan bod te laten komen zodat je niet de suggestie wekt dat we streven naar een bepaald gevoel of een bepaalde beleving.

Deelnemer:	"Ik voelde dat ik rustig werd tijdens de oefening."
Begeleider:	"Waar merkte je dat aan?"
Deelnemer:	"Ik voelde me een beetje slaperig worden."
Begeleider:	"Voelde je dat in een bepaald deel van je lichaam?"
Deelnemer:	"Nou, misschien in mijn ogen, die een beetje zwaar werden en eigenlijk werd mijn hele lichaam wel ontspannen."
Begeleider:	"Dus je merkte dat je hele lichaam kon ontspannen. Wie herkent dat, dat je je rustig voelde tijdens de oefening?"
Begeleider:	"Was er ook iemand die de oefening juist niet ontspannend vond?"

6.9 Ruimte nemen en ruimte geven

Soms neemt iemand vaak het woord en anderen hoor je minder of nooit. Het kan een goed idee zijn om na een oefening iedereen even een momentje te geven om nog in stilte (eventueel met de ogen gesloten) terug te denken en aan te kondigen dat je een paar mensen gaat vragen iets te delen. Op die manier kun je wie weinig ruimte neemt de kans geven iets te vertellen, als uitnodiging, het is geen verplichting. Op een later moment samen napraten kan soms prettiger en veiliger voelen en kan natuurlijk ook.

> **"Openstaan om te ervaren wat stilte met je doet,**
> **is voor lang niet iedereen vanzelfsprekend.**
> **Dit boek levert een mooie uitdaging om collega's,**
> **ouders en kinderen te inspireren en hierin kleine stappen te zetten:**
> **Leren in stilte (samen) te zijn op een lichte, speelse manier."**
>
> Carla – mindfulnesstrainer/leerkracht

Verbeelden en Verbinden

mindfulness en kunst

16 projecten / 60 oefeningen

Chiharu Shiota: Letters of Thanks

Chiharu Shiota (Japan) werd internationaal bekend met haar werk van indrukwekkende draad-constructies die grote ruimtes vullen. In haar kunstwerken combineert ze de draden vaak met oude gebruikte objecten die verbonden zijn met persoonlijke verhalen. 2400 brieven waarin mensen uit heel Japan hun dankbaarheid uiten, zijn onderdeel van dit kunstwerk dat ze opgedragen heeft aan haar vader om hem te bedanken voor de opvoeding.

Chiharu Shiota: *Letters of Thanks*, 2013
Installation: thank-you letters, black wool
Museum of Art, Kochi, Japan
Foto: Sunhi Mang ©Pictoright Amsterdam, 2020 en Chiharu Shiota

'String is like a feeling.
The string is tight or tangled or cut.
It's like a relationship from human to human.
It's a mirror of my feelings.'

Chiharu Shiota

1. Dankbaar – *meditatie*

Beschrijving
Geleide meditatie waarbij je iemand die je lief is in gedachten neemt en stilstaat bij wat hij of zij voor je betekent

Tijd
3 tot 15 minuten

o Zorg dat je lekker zit of ligt; sluit als je wilt je ogen. Adem ontspannen in en uit.

o Stel je voor, je ligt of zit op een fijne plek. De temperatuur is precies goed voor je en je voelt je ontspannen.

o Neem nu iemand in gedachten die veel voor jou betekent. Het kan iemand zijn die je vaak ziet (zoals je vader, moeder, zusje of je beste vriend), of iemand die je niet vaak ziet maar die wel dicht bij je staat omdat hij of zij belangrijk voor je is (zoals iemand die ver weg woont, of je oma omdat die niet meer zo goed kan rijden).

o Je kunt ook iemand kiezen die is overleden en die belangrijk voor je is geweest en daardoor misschien nog steeds op een bepaalde manier dicht bij je staat. En je kunt ook kiezen voor een dier.

o Wie je ook kiest, kies iemand die belangrijk voor je is. En als je merkt dat het lastig is om iemand te kiezen omdat je geen keuze kunt maken, dan kies je degene die nu het eerst in je gedachten opkomt.

o Zie die persoon of het dier dat je gekozen hebt voor je. Zie wat je maar voor je kunt zien van hem of haar. Misschien het gezicht, de haren, kleding, schoenen, of misschien komt er een geur in je op die bij diegene hoort. Stel je voor je hoe hij of zij vriendelijk naar je kijkt. Glimlach maar terug. Zie degene die veel voor jou betekent zo een tijdje voor je. Ontspan je spieren en geniet ervan. En als het niet zo goed lukt, dan geeft dat niet. Dan mag je dat gewoon opmerken en de persoon gewoon in gedachten nemen of bijvoorbeeld zijn of haar naam.

o Bedenk wat hij of zij voor jou betekent. Waarom is hij of zij belangrijk voor jou? Zie maar voor je hoe jullie samen ervaringen hebben gedeeld. Wat heb je allemaal gedaan samen? Waar hebben jullie over gepraat?

o Kennen jullie elkaar al lang? Herinner je je nog iets van lang geleden?

o En weet je nog iets plezierigs van de afgelopen tijd of de laatste keer dat jullie samen waren? Zie het maar weer voor je. Het kan iets kleins zijn, of iets groters, alles is goed. Waar waren jullie? Weet je nog hoe het weer het was? Misschien herinner je je hoe het rook? Of wat jullie deden? En als je niet meteen iets te binnen schiet, dan zie diegene maar gewoon weer voor je of neem hem of haar in gedachten; je kunt ook de naam zachtjes in je hoofd laten klinken. Denk maar aan degene die voor jou veel betekent en misschien zie je weer voor je dat jullie samen zijn en iets samen beleven.

o Denk nu aan positieve kwaliteiten van hem of haar. Zoals goed naar je kunnen luisteren, aardig zijn, of je opvrolijken, grappen maken, kunnen troosten, je aan het lachen maken, moed inspreken, je op ideeën brengen, je een warm gevoel geven of helpen. Of misschien wel iets heel anders? Bedenk wat hem of haar voor jou zo bijzonder maakt.

o Houd degene die voor jou veel betekent nog een tijdje in gedachten. Zie hem of haar voor je of denk aan de mooie herinneringen.

o Beweeg als je eraan toe bent je voeten weer een beetje, en je handen, draai je hoofd rustig heen en weer, rek je als je wilt uit, open je ogen als je die gesloten had en ga weer rechtop zitten.

"Het voelde niet leuk, omdat ik aan mijn nichtje dacht die verhuisd is."

May-Lin – 6 jaar

2. Bedankbrief of tekening – *schrijven en tekenen*

Beschrijving
Een brief schrijven of een tekening maken waarin je iemand bedankt

Tijd
5 minuten tot misschien een hele dag

Materialen
Een papier, eventueel een elastiekje of stukje touw en materialen om mee te tekenen en/of te schrijven: stiften, pennen, potloden of krijt

o Maak een tekening of iets anders moois voor iemand die veel voor jou betekent. Hiermee bedank je hem of haar daarvoor. Je hoeft wat je gemaakt hebt niet echt te geven, het mag wel.

o Als het een brief wordt, dan kun je volstaan met een zin of misschien schrijf je wel je hele bladzijde vol. Of misschien schrijf je weinig, en besteed je veel aandacht aan hoe je het schrijft. Je mag zelf kiezen, alles is goed.

Bewaar je brief of tekening voor oefening 5 of als je oefening 4 gedaan hebt, dan kun je de brieven een plek geven tussen de draden.

Suggesties voor jonge kinderen:
Wat is aardig van hem of haar? Waarmee helpt hij of zij jou? Wat vind je fijn aan die ander? Wat eten jullie graag? Wat vinden jullie samen leuk? Wanneer moesten jullie samen lachen? Wat leer je van hem of haar? Wat was het grappigste dat jullie samen gedaan hebben? Of het spannendst? Het leukst?
Je kunt eventueel een aantal voorbeelden geven: bedankt dat je zo grappig bent, bedankt dat je me naar school brengt, bedankt dat je vorige week met me gedanst hebt, bedankt dat je me helpt als ik iets niet snap, bedankt dat je aardig voor me bent.
Voor een dier: bedankt dat je bij me op schoot komt zitten, bedankt dat je me begroet als ik thuiskom.
Voor iemand die is overleden: bedankt dat je zo lief was, bedankt dat we zulke mooie dingen gedaan hebben samen.

"Mag je ook aan een dier denken?"

Sem – 7 jaar

TIP Jonge kinderen kunnen geholpen worden door een ouder iemand, die een bedankje op de tekening schrijft in woorden die het kind zelf bedenkt. Of ze kunnen tekenen en iemand die kan schrijven beschrijft op de achterkant wat het voorstelt. Laat het kind zelf de beschrijving geven en schrijf (zo) precies (mogelijk) op wat het kind vertelt.

Suggesties voor oudere kinderen en volwassenen:
Wat zijn jullie gedeelde interesses? Wat waardeer je aan hem of haar? Waarin vullen jullie elkaar aan? Wat is het belangrijkste moment voor jullie samen geweest? Welk moment samen zul je nooit meer vergeten? Waarin kun je op hem of haar bouwen? Wat maakt jullie band sterk?

Beschrijving
Je verbeelden dat een ruimte gevuld is met draden

Tijd
5 tot 15 minuten

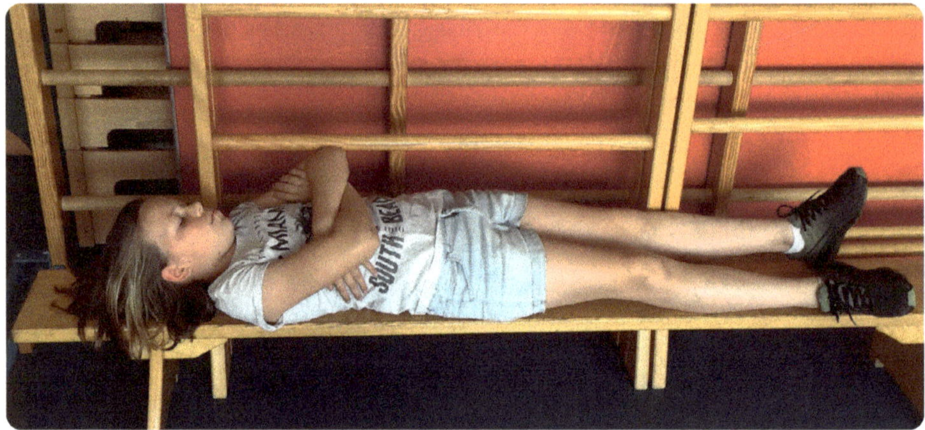

- Zorg dat je lekker zit of ligt en sluit als je wilt je ogen. Adem ontspannen in en uit.
- Stel je voor: je bent in een grote ruimte. De muren zijn zacht van kleur, misschien wit, zacht-roze, lichtgeel of een andere kleur die jij mooi vindt. Je kijkt om je heen naar die mooie lichtgekleurde muren. De vloer is gemaakt van hout. Boven de muren is geen dak, je ziet meteen de lucht en het is prachtig helder weer en lekker warm. Zie de grote ruimte met de mooie muren, de houten vloer en de lucht daarboven maar voor je.
- Dan richt je je aandacht op een plek op de muur, vanuit die plek op de muur komt een draad tevoorschijn. De draad heeft een andere kleur dan de muur. Zie maar voor je welke kleur het is en hoe de draad vastzit aan de ene muur, langer wordt en zo naar een van de andere muren gaat. De draad wordt dus vanzelf langer en gaat nu naar een andere muur. Daar zoek je een plek waar je de draad vast wilt maken. Het kost geen moeite, de draad zit vanzelf vast als de draad de muur raakt.
- Hoe is je draad gespannen tussen de muren? Heel strak, of hangt de draad met een boog naar de andere kant? Is de draad hoog of juist laag? Of gaat je draad misschien van een lager punt op de ene muur naar een hoger punt op de andere muur? Of andersom? Alles is goed. Zie je draad voor je in de grote ruimte met de zachte muren en het licht van de lucht. Hoe ziet het eruit? Zie hoe het licht van boven schaduwen maakt op de grond.
- Nu kies je een ander punt op een muur waar jouw draad naartoe gaat. Misschien gaat je draad terug naar de eerste muur, of misschien gaat de draad naar een van de andere muren. Ook daar zit de draad weer meteen vast op de plek die jij kiest. Zie maar voor je hoe de draad de ene muur met de andere verbindt.
- Zo ga je door met weer een volgend punt. Je kunt een punt op een muur kiezen of je kunt je draad ook verbinden met een andere draad. Misschien ontstaan er knopen, misschien gaan de draden steeds bij elkaar langs. Je ruimte wordt steeds verder gevuld met draden en tegelijk blijf je de mooie heldere lucht er doorheen zien. Je draad is oneindig, heel veel

meters of kilometers lang. Zie voor je hoe jouw oneindige draad steeds meer verbindingen maakt, van muur naar muur, van draad naar muur of van draad naar draad, het gaat maar door. Je draad is oneindig.

o   Als je zo naar al die draden tussen de muren van jouw ruimte kijkt, wat doet het dan met je? Geeft het je een bepaald gevoel? Misschien geeft het je een blij, vrolijk of gelukkig gevoel. Of vind je het juist onprettig of vervelend? Wat je ook voelt, alles is goed. Je kunt het gewoon opmerken. Blijf de draden in jouw ruimte steeds weer voor je zien. Ook als je merkt dat je gedachten zijn afgedwaald, dan breng je ze weer vriendelijk terug naar jouw ruimte met draden.

o   Misschien zie je gewoon draden of misschien vind je het ergens op lijken? Doet het je ergens aan denken? Het een is niet beter dan het ander: zie de draden maar gewoon voor je en blijf je voorstellen hoe de ruimte steeds meer gevuld raakt met draden. Ook als je helemaal niets voor je ziet, dan is dat niet erg. Je mag het steeds opnieuw proberen: een ruimte voor je zien met veel draden.

o   Als je wilt, dan geef je wat je ziet stilletjes in je hoofd een naam.

o   Dan zie je voor je dat er een deur is of ontstaat in de muur of door de draden heen. Doe de deur open, en ga naar buiten. Stel je voor hoe je weer buiten bent. De lucht is nog steeds helder, de zon schijnt en het is lekker warm. En als je er klaar voor bent, dan beweeg je je lichaam weer een beetje en open je je ogen.

o   Als je dat wilt, dan kun je ervaringen delen of opschrijven of luisteren naar ervaringen van anderen.

4. Lopen en knopen – *beweging, beeldende vorming en dans*

Beschrijving
In een ruimte verbindingen maken met draden, lopend of dansend op muziek

Tijd
3 tot 10 minuten

Materialen
Voor iedereen een klos of bol draad (garen, katoen of wol), dansmuziek en eventueel de brief uit oefening 2

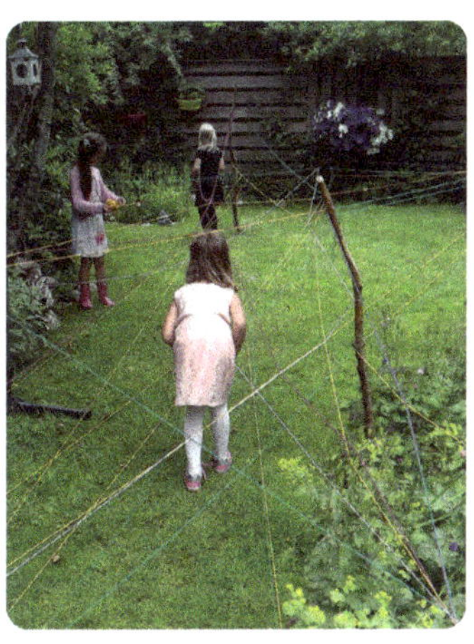

Kies een plek waar je draad kunt vastbinden op verschillende plekken, zoals in een klaslokaal, huiskamer, gymzaal, park, bos of speeltuin.

o   Knoop eerst ergens een begin van een draad vast. Als je met een groep bent, dan doe je de eerste stappen samen.

o   Loop dan naar een andere plek waar je de draad opnieuw vastknoopt. Je kunt de draad ook ergens omheen wikkelen.

o   Zo loop je van plek naar plek en verbind je de ene plek met de andere.

Zet muziek aan.

o   Gebruik als je wilt de muziek om op te dansen, of op de maat te lopen.

o   Zo loop of dans je naar de volgende plek om de draad vast te maken.
o   Nu doet iedereen ditzelfde met een eigen draad. Zorg ervoor dat je niet met elkaar botst.
o   Zoek als je vindt dat je klaar bent een plek om te zitten of liggen en te observeren hoe anderen misschien nog bezig zijn en bekijk wat er gemaakt is.

Speel de muziek eventueel opnieuw.

o   Nu kies je een plek om je brief op te hangen of tussen te steken.
o   Ga weer zitten of liggen en neem degene voor wie je de brief maakte weer even in gedachten.
o   Wat voel je nu?
o   Ook van het opruimen kun je eenzelfde ritueel maken: lopen of bewegen op muziek en de draden weer losknippen of ontknopen en opruimen.

"Ze vinden het mindful opruimen wel leuk, het ligt er een beetje aan hoeveel tijd je hebt. Dat heb ik met sommige groepen wel gedaan en met andere niet."

Anneloes – yogadocent

5. Houtje-touwtje 1 – *beeldende vorming*

Beschrijving
Verbindingen maken met draad tussen spijkers op een stuk hout

Tijd
10 tot 30 minuten

Materialen
Een houten plankje (minimaal 10 bij 10 centimeter, geen maximum), draad, een hamer, ten minste drie spijkers, je brief uit oefening 2

o   Timmer een aantal spijkers in het plankje. Ten minste drie, een maximum is er niet echt, zolang er maar een beetje ruimte blijft tussen de spijkers.
o   Maak het begin van de draad vast aan een spijker die je zelf kiest. (Jonge kinderen kun je hier hulp bieden.)
o   Trek de draad nu naar een andere spijker, en dan weer naar een volgende. Je kunt de draad eromheen wikkelen en vastknopen mag ook. Je kiest je eigen richting.
o   Kijk eens of je jouw brief ergens tussen de draden kunt stoppen. Misschien is het handig de brief op te rollen of op te vouwen.
o   Ga door met draden spannen, totdat je vindt dat het klaar is.

Vanaf 7 jaar

Beschrijving
Drie of vier stokken met elkaar verbinden en daartussen een constructie maken met draden

Tijd
5 tot 30 minuten

Materialen
Drie of vier stokken die ten minste 40 centimeter lang zijn (zelf buiten zoeken of anders is bamboe een mooi alternatief), draad, je brief en eventueel een mesje

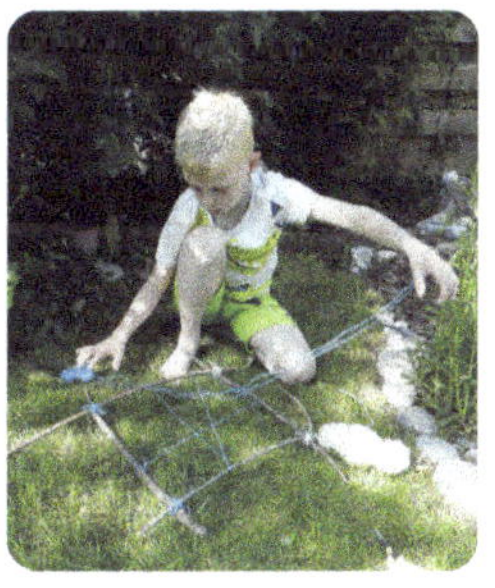

o   Verwijder als je wilt de schors van je stokken met een mesje.

o   Maak een frame van drie of vier stokken door ze aan de uiteinden samen te binden met draad. De stokken vormen nu een vierkant of driehoek of asymmetrische vorm.

o   Knoop ergens aan een stok je draad vast.

o   Span de draad nu naar een andere stok en wikkel hem eromheen. Van daaruit ga je weer terug of naar een andere stok. Je kunt nu als je wilt ook verbindingen maken van ergens midden in een gespannen draad naar een stok. Zo ga je door met draden spannen.

o   Kijk eens of je jouw brief ergens tussen de draden een plek kunt geven. Zorg dat de brief vast komt te zitten tussen de draden en er niet uitvalt.

o   Ga door met draden spannen totdat je vindt dat het klaar is. Je kunt veel of weinig verbindingen maken, het een is niet beter dan het ander.

Als je wilt dan kun je dit geheel aan degene geven voor wie je de brief of tekening gemaakt hebt. Als diegene is overleden dan kun je het naar het graf of een andere gedenkplek brengen of een mooie plek geven.

TIP Zoek voordat je begint een klein voorwerp dat je aandacht trekt. Het kan alles zijn, een schelp, een steentje, takje, iets wat iemand is verloren of zelfs tussen zwerfvuil vind je soms iets wat juist past, een dop van een fles, een stuk ijzerdraad, ... Verwerk dit net als de brief in dat wat je maakt, klem het tussen de draden of knoop het vast.

"Een project als dit sluit ook goed aan bij een thema als verlies of vriendschap."

Lilian – leerkracht plusgroep

David Hockney: The Arrival of Spring in Woldgate, East Yorkshire

David Hockney is een kunstenaar uit Groot-Brittannië die al een groot deel van zijn leven in Amerika woont. Hockney schildert vanuit waarneming.
Na de dood van zijn moeder keerde hij met zijn partner voor een tijd terug naar Yorkshire waar hij in 2011 een serie schilderijen en video's maakte van het landschap daar. Veel van de grote werken bestaan uit meerdere panelen. Dit was noodzakelijk omdat een groter doek niet door zijn trapgat paste. Dat de grote schilderijen uit meerdere doeken bestaan geeft een speciaal effect. Hockney schilderde deze werken vooral 'en plein air': in de buitenlucht. Op de website vind je meer informatie. 🖥

'I've always been a looker. Loads of people say:
"I never saw that" – but that's what artists do.'

David Hockney

Plein-Air

'Plein-air' is een term die vooral gebruikt wordt voor een schilderstijl waarbij een kunstenaar direct ter plaatse, in de vrije natuur schildert. De nadruk ligt op de lichtval. Het pleinairisme nam toe nadat de verftubes uitgevonden waren in 1841. Daardoor kon een schilder eenvoudig verf mee naar buiten nemen. 'Plein-air' werd vooral gebruikt in de tweede helft van de 19de eeuw in het:

- Impressionisme: een kunststroming die rond 1860 opkwam in Frankrijk. Kenmerkend voor deze stijl is dat de weergave van de werkelijkheid laat zien hoe de schilder die heeft ervaren.
- Realisme: een kunststroming waarin kunstenaars de werkelijkheid zo precies mogelijk wilden weergeven.

en bij

- Genrestukken: schilderijen met een voorstelling uit het dagelijks leven of uit de alledaagse omgeving.

7. Kijker – *geleide meditatie*

Beschrijving
Je voorstellen hoe kleuren van de natuur veranderen

Tijd
3 tot 20 minuten

- Zorg dat je lekker zit of ligt, sluit je ogen. Adem ontspannen in en uit.
- Beeld je in dat het lekker weer is, niet te koud en al net warm genoeg om buiten te zijn. Stel je voor dat je buiten bent en je ziet de natuur om je heen. Je bent in een veld en je bent nu bijna bij het bos. Je ziet het bos voor je en in het midden van het bos loopt een pad.
- Stel je voor dat je daar zo zit, in het veld met uitzicht op de bosrand. De bomen staan daar rij aan rij, naast elkaar. En het pad loopt er tussendoor. Daarvoor zie je het veld. Het is een veld met gras, verschillende planten en met bloemen.
- Zie de bomen maar voor je en stel je de kleuren van de bomen voor. Welke kleuren hebben de boomstammen? En de bladeren? Welke kleur heeft het pad vooral? En het veld ervoor?
- Stel je nu voor dat de boomstammen paars en blauw worden en dan veranderen in rood. De bladeren veranderen in geel en dan in roze. Of een mix? En misschien zijn er nog bladeren groen? Verzin nu zelf kleuren. Je kunt alles elke kleur geven die je maar wilt. De

boomstammen, de boombladeren of naalden, het gras in het veld, de planten, het pad. Zie maar voor je hoe de kleuren veranderen. Alles kan. Misschien kies je een kleur van een bloem, en wordt het hele veld die kleur. In je hoofd kun je alles. En ook als het niet zo werkt, dan geeft dat niets en probeer je het nog eens een keer. Welke kleuren zie je? Kijk zo een tijdje naar jouw bosrand, in de andere kleuren.

o   Beweeg dan, als je eraan toe bent, je voeten weer een beetje, en je handen, draai je hoofd maar heen en weer, rek je als je wilt uit, ga weer rechtop zitten en open je ogen.

8. En plein air – *geleide meditatie*

Deze oefening is buiten. Een alternatief is om vanuit een raam naar buiten te kijken. 

Beschrijving
Een plek buiten nauwkeurig observeren

Tijd
5 tot 45 minuten

Materialen
Een stoel of matje en de juiste kleding om een tijdje buiten te kunnen zitten

o   Kies een plek om te observeren. Als je de oefening met een groep doet, dan observeer je dezelfde plek vanuit ongeveer dezelfde positie. Zorg wel dat je vrij zicht hebt.

o   Ga op je gemak zitten in een houding die je een poosje kunt volhouden. Adem ontspannen in en uit.

o   Ik nodig je uit om te bekijken wat je voor je ziet, met een open blik.

o   Observeer nauwkeurig, kijk naar de details. Welke kleuren zie je? Als je een kleur ziet, zijn er dan verschillen zichtbaar in de kleur? Donkere of lichtere tinten? Feller of zachter? Welke vormen zie je? Zit er herhaling in de vormen? Zie je patronen?

o   Als je naar het gehele beeld kijkt, wat trekt dan je aandacht het meest? Bekijk het maar in detail. Wat zie je precies?

o   Bekijk dat wat je ziet alsof je naar een schilderij kijkt. Hoe lopen de lijnen? Waar is de horizon? Zie je bewegingen? Merk ze maar op. Zijn er veranderingen zichtbaar? Bekijk wat er verandert.

o   Misschien hoor je ook geluiden. Die kun je gewoon beluisteren en tegelijk bekijk je wat je voor je ziet.

o   Als je merkt dat je gedachten afwalen, of als je afgeleid bent door geluiden of gevoelens, dan merk je dat op zonder jezelf te bekritiseren. En je brengt je aandacht vriendelijk weer terug naar het observeren. Wat zie je nu?

o   Knijp je ogen een beetje dicht en kijk zo door je wimpers. Wat valt je nu op? Zie je bepaalde lijnen, verschillen in donker en licht? Schaduw?

o   Open je ogen weer en kijk opnieuw. Wat merk je op?

o   Wat doet wat je ziet met je? Geeft het een bepaald gevoel? Of misschien is er geen gevoel? Er is geen goed of fout, blijf gewoon observeren.

o   Zie je nog nieuwe dingen? Zijn er nieuwe veranderingen? Hoe is het licht? Fel, zacht, warm, koud of past een andere omschrijving beter? Zie je schaduwen? In welke richting gaan de schaduwen? Wat zie je nog meer?

o   Observeer nog een tijdje met al je aandacht in je eigen stilte.

 Na deze oefening kun je er ook voor kiezen om in plaats van oefening 9, oefening 10 en 11 op deze plek te doen.

9. Vastleggen – *fotograferen en tekenen*

Jonge kinderen kunnen deze oefening onder begeleiding of met hulp doen of je zou dit onderdeel voor hen kunnen doen en met de kinderen kunnen doorgaan met oefening 10.

Beschrijving
Een foto maken van de plek die je buiten bekeken hebt, die projecteren op een muur (binnen) en de grote lijnen overtrekken

Tijd
10 tot 30 minuten

Materialen
Een fototoestel of iets anders om mee te fotograferen, een beamer of andere vorm van projector, schilderstape, een potlood, grote vellen dikkere kwaliteit papier (A3 of A2 of even grote stukken van oude kartonnen dozen) en eventueel een trap

- Maak een foto van de plek die je bekeken hebt, vanuit de plaats waar je zat.
- Projecteer de foto op een muur.
- Plak vellen papier of stukken karton op de plek waar de foto geprojecteerd is, netjes naast elkaar. Allemaal verticaal of juist allemaal horizontaal. Afhankelijk van wat het best past. Plak een aantal rijen onder elkaar zodat ze samen als het ware één groot papier vormen. Het is ook prima om verschillende groottes te gebruiken, zolang de projectie maar op het papier of karton past.
- Trek nu de grote lijnen en belangrijkste vormen van de foto over op de papieren. Neem af en toe even afstand om te zien of je nog iets wilt toevoegen.
- Nummer de vellen papier aan de achterkant, om de volgorde te onthouden.
- Haal dan de papieren weer van de muur.

 Als er geen beamer of iets anders om te projecteren voorhanden is, kun je de papieren naast elkaar leggen en een grote schets maken van het geheel die verdeeld is over alle papieren. In het klein is deze opdracht ook uit te voeren. Print de foto dan op A4 of A3-formaat en knip je papier in verschillende stukken.

10. Kleur en licht – *schilderen*

Beschrijving
Opnieuw observeren, vooral gericht op licht en kleur (het liefst ter plekke buiten) en dit schilderen vanuit de impressie, dus je laat in het schilderwerk zien hoe je de plek hebt ervaren

Tijd
10 minuten tot misschien een hele dag

Materialen
De vellen papier uit de vorige oefening, verf, een mengpalet of iets anders om verf in te kunnen mengen zoals een eierdoos, kwasten, eventueel water

- o Kies een van de papieren of stukken karton uit de vorige oefening.
- o Observeer je plek opnieuw. Richt je vooral op het deel dat op jouw papier geprojecteerd was. Wat zie je?
- o Welke kleuren vallen op? Wat doet de plek met je?
- o Kies met welke kleuren je wilt schilderen. Je mag je eigen kleuren kiezen, die hoeven niet hetzelfde te zijn als de werkelijkheid. Je kunt onderdelen weglaten of toevoegen, en je schilderij helemaal vullen zoals je wilt. Ga nu schilderen. Vul je papier of karton helemaal met verf.
- o Richt je tijdens het schilderen helemaal op het schilderen en het observeren, hoe beweeg je de verf over het papier? Welke kleuren zie je? Hoe valt het licht? Waar zie je schaduwen?
- o Elke keer als je merkt dat je gedachten afdwalen, of als je merkt dat je een mening hebt over wat je maakt, dan merk je dat op, sta je er even bij stil en breng je je aandacht vriendelijk terug naar het observeren en schilderen.
- o Schilder in je eigen tempo en blijf je aandacht richten op de observatie en het schilderen van wat je ziet en ervaart.
- o Als je deze oefening alleen doet, dan herhaal je deze fase totdat alle papieren gevuld zijn. Dit kun je over meerdere dagen verspreiden.

Jonge kinderen kunnen deze oefening onder begeleiding en met hulp doen.

Beschrijving
De papieren met elkaar verbinden, het geheel een plek geven en observeren

Tijd
3 tot 15 minuten

Materialen
De papieren van de vorige twee oefeningen, plakband of latjes en een nietpistool

o   Leg de papieren in de juiste volgorde en bekijk het geheel in stilte.
o   Kies nu een andere vorm of volgorde en observeer opnieuw.
o   Maak een keuze voor een volgorde en verbind de onderdelen met elkaar met behulp van plakband of leg er latjes tussen waarop je de papieren vastniet.
o   Zoek een plek om het landschap op te hangen.
o   Neem de tijd om nog even te zitten en te observeren in stilte.

Sergei Polunin: dans op Take me to church van Hozier, regie David LaChapelle, en
Albert Watson: Portrait of Polunin, New York City

De danscarrière van Sergei Polunin (Oekraïne) verliep razendsnel. Toen hij 19 jaar was, was hij al de belangrijkste danser van het British Royal Ballet in London. Op zijn 25ste besloot hij uit de balletwereld te stappen. Hij sloot zijn carrière in 2015 af met een dans op *Take me to church*, geregisseerd door David LaChapelle (VS). Nu maakt Polunin zich sterk voor de rechten van balletdansers en heeft hij 'Project Polunin' opgericht, waarin kunstenaars vanuit verschillende disciplines samenwerken.

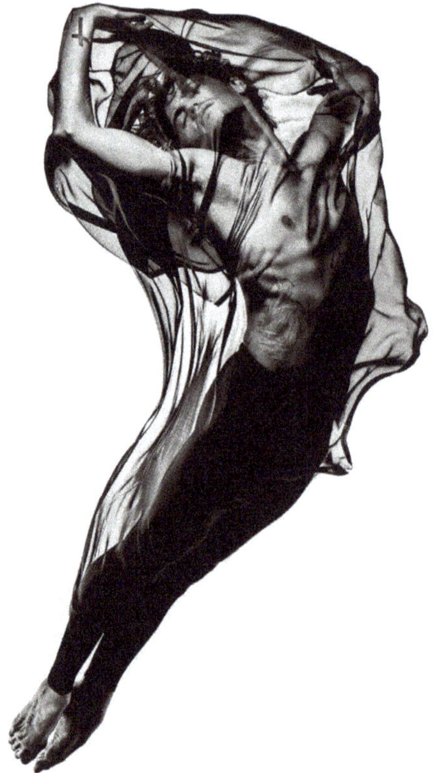

Albert Watson: *Sergei Polunin*, New York City, 2017. ©Albert Watson

Sergei Polunin

Het werk van fotograaf Albert Watson (Schotland) kenmerkt zich door het bijzondere licht en de precisie waarmee elk detail is vastgelegd. Hij werkt altijd samen met een team van mensen: visagist, kapper, stylist, … Mensen die door Albert Watson gefotografeerd zijn, vinden dat hij heel respectvol met zijn modellen omgaat.

Albert Watson

12. Voel de beweging 1 – *opwarming van het lichaam, beweging, dans, tekenen*

 **Beschrijving**
Het lichaam opwarmen, daarna van een stoel springen en observeren waar in je lichaam je dat vooral voelt

 **Tijd**
2 tot 15 minuten

 **Materialen**
Een stoel om vanaf te springen, een papier en potloden of stiften

o Sta rechtop: je voeten met een beetje ruimte ertussen wijzen recht naar voren. Voel maar of je je gewicht evenveel in de bal van je voet voelt als in je hielen. Breng je gewicht in het midden. Doe maar alsof je een touwtje aan je kruin hebt dat jou omhoogtrekt; je kunt je schouders ontspannen laten hangen. Je blik richt je op een punt op de horizon of je kunt als dat goed voor je voelt je ogen sluiten.

o Laat je hoofd naar voren vallen en draai het langzaam opzij en laat een oor richting een schouder vallen. Dan laat je je hoofd ietsje naar achteren hangen en zo draai je door zodat je oor in de richting van je andere schouder gaat. Draai verder zodat je hoofd weer naar voren hangt. Draai zo rustig rondjes in je eigen tempo, zonder iets te forceren. Als je voelt dat het ergens pijnlijk is, dan ga je iets minder ver of beweeg je op die plek juist iets meer heen en weer om het losser te maken. Kies wat voor jou het beste is. Draai ook in de andere richting. Zet je hoofd nu weer rechtop, precies in het midden.

o Dan ga je door met je schouders, trek ze maar omhoog. Je armen laat je ontspannen hangen. Draai je schouders naar achteren. Je schouderbladen trek je daarmee naar elkaar toe. En laat ze zakken naar beneden, alsof je twee emmers water tilt en die je armen naar beneden trekken. Zo draai je verder naar voren en dan weer omhoog. Ga verder met draaien in je eigen tempo. Als je pijn voelt, forceer dan niet. Zorg goed voor jezelf. Laat je armen maar weer ontspannen hangen.

o Maak nu met je handen cirkels in de lucht. Je kunt dezelfde kant op tekenen of beide handen een andere kant op laten gaan. Je ellebogen draaien hierdoor en als je de cirkels klein maakt dan draai je je polsen los. Laat je armen weer ontspannen hangen.

o   Zet nu je handen op je onderste ribben en buig een knie, de ander blijft gestrekt. Nu wissel je: je buigt je andere knie en strekt de eerste. Hiermee beweeg je je heupen. Kijk eens of je ook kleine rondjes kunt draaien met je heupen. Draai in beide richtingen in het tempo dat je prettig vindt. Je kunt de cirkels ook groter maken en je hele lichaam mee laten bewegen. Maak ze dan weer kleiner en breng je gewicht weer in het midden.

o   Zet nu je voeten tegen elkaar. Houd met je handen je knieën vast en draai rondjes met je knieën. Draai in beide richtingen. Op deze manier draaien ook je enkels mee. Ga dan weer rechtop staan.

o   Sluit je ogen als je ze open had en voel wat je nu voelt in je lichaam. Warmte? Kou? Tinteling? Of misschien niets bijzonders? Wat je ook voelt, merk het maar op. Alles is goed.

o   Nu klim je op een stoel; als je vanaf een hogere plek wilt springen, dan kies je een tafel.

o   Spring op de grond.

o   Herhaal dit drie keer en sta dan stil en rechtop. Sluit je ogen. Wat voel je nu? Waar in je lichaam merk je het meeste op? Of zijn er meer plekken die je nu vooral voelt?

o   Pak een papier en teken de omtrek van een lichaam. Kleur de plekken die je het meest voelde. Misschien geef je ze een kleur die past bij dat gevoel.

o   Deel als je dat fijn vindt met anderen waar je het meeste voelde in deze oefening.

13. Dansen zonder kijken – *dans en beweging*

Beschrijving
Dansen en bewegen met je ogen dicht

Tijd
3 tot 30 minuten

Materialen
Een doorzichtige doek en muziek, eventueel een blinddoek

o   Zet muziek aan die je fijn vindt om op te dansen of te bewegen.

o   Als je met een groep bent, dan beweeg je rustig en voorzichtig zodat iedereen probleemloos kan bewegen.

o   Sluit je ogen en beweeg op de muziek, je kunt je doek daarbij gebruiken.

o   Wat doet dit met je? Wat voel je nu?

14. Voel de beweging 2 - *dans en beweging, zitten en ervaren*

Deze oefening kun je doen met een groepje van ten minste drie. Het is nodig om voldoende ruimte te hebben om te dansen.

Beschrijving
Een deel van de groep beweegt op muziek met doeken, een ander deel zit met de ogen dicht in het midden en observeert en ervaart zonder te kijken

Materialen
Muziek en voor de dansers een dunne doek, shawl of lap stof, eventueel een blinddoek voor wie zit

o Wie wil observeren, gaat in het midden van de ruimte zitten op een stoel of op de grond. De anderen staan hier in een kring omheen. (Je kunt ook wisselen van taak.) Wie zit, sluit zijn ogen of draagt een blinddoek. Het enige wat je doet, is aandacht hebben voor wat je opmerkt en ervaart.
o Zet de muziek aan.
o De dansers bewegen rond het 'publiek'. Gebruik de doeken en als je wilt, dan kun je je doek zachtjes over het publiek bewegen.
o Ga als je danste wanneer de muziek stopt ook even zitten met je ogen gesloten.
o Wat voel je nu?
o Open na een tijdje stilte de ogen en deel eventueel met elkaar hoe je de oefening hebt ervaren.

15. Stilstaande beweging – *beweging, dans, fotografie*

Deze oefening doe je in tweetallen.

Beschrijving
Elk tweetal fotografeert elkaar waarbij het 'fotomodel' springt of danst en ondertussen een lap dunne doorzichtige stof omhoog gooit, waardoor hij of zij op de foto achter de stof deels zichtbaar zal zijn

Tijd
10 minuten of enkele uren

Materialen
Een fototoestel of ander apparaat om mee te fotograferen, een dunne shawl of andere dunne stof die doorzichtig is, eventueel verschillende soorten lampen met kleurfilters zoals verschillende kleuren vliegerpapier en muziek

Voor de fotograaf:
o Zoek een plek waar voldoende ruimte is om te springen en te dansen.
o Kies een positie op die plek van waaruit je je model goed in beeld kunt brengen.
o Als je belichting wilt gebruiken dan experimenteer je met het licht. Vanuit welke kant is het licht het mooist? Kijk ook naar verschillen tussen belichting van boven en van onder en kijk of je kleurenfilters wilt gebruiken. (Als je papier gebruikt, zorg dan voor de veiligheid: als de lamp warm is, dan moet er afstand zijn tussen je filter en het licht.)
o Geef instructies aan je model. Vraag hem of haar om te dansen of te springen. Neem Albert Watson als inspiratie en zorg ervoor dat je model zich op zijn gemak voelt, bijvoorbeeld door ideeën aan te reiken (spring maar eens wat meer opzij) en te benoemen wat je mooi, goed en bijzonder vindt (dat ziet er prachtig uit!).
o Springen kan ook vanaf een hogere positie, zoals van een stoel af springen.

o   Experimenteer nu met de stof. Laat je model de stof in de lucht gooien en er dan in springen of bewegen. Of leg het doek over je model en vraag hem of haar dan te bewegen. Als je wilt dan kun je muziek gebruiken om op te bewegen en dansen.
o   Maak nu een aantal foto's van verschillende bewegingen en kijk samen hoe die eruitzien.
o   Overleg met je model welke jullie de beste vinden en druk deze foto eventueel af.

TIP Wie wil, kan in deze oefening kostuums en make-up of grime toevoegen.

Marina Abramović: The Artist is Present

Marina Abramović (voormalig Joegoslavië) richt zich in haar kunst op de relatie tussen zichzelf als kunstenaar en haar publiek. In 2010 kreeg ze veel bekendheid met bovenstaand werk: ze ging in het Museum of Modern Art (MoMa) in New York in een zaal zitten in stilte, op een stoel met een lege stoel tegenover zich. Ze wachtte telkens totdat iemand uit het publiek op de lege stoel plaatsnam en maakte dan oogcontact, ze sprak niet. Abramović deed dit bijna drie maanden, acht uur per dag en er kwamen duizend mensen tegenover haar zitten. Veel mensen in het publiek raakten ontroerd.

Marina Abramović: *The Artist is Present*, 2010
Performance 3 months in the Museum of Modern Art, New York, NY 2010
Foto: Marco Anelli, courtesy of the Marina Abramović Archives

Marina Abramović

16. Face – *observeren*

Beschrijving
Een foto van een gezicht van jezelf of iemand anders observeren

Tijd
3 tot 10 minuten

Materialen
Een duidelijke portretfoto van jezelf of van iemand anders, bij voorkeur een foto waarop de ander
naar voren kijkt (en face); je kunt ook een spiegel gebruiken om naar je eigen gezicht te kijken

Bij jonge kinderen bespreek je eerst de onderdelen van het gezicht; vereenvoudig eventueel de
beschrijving.

o Zet de foto of spiegel voor je.

o Observeer rustig wat je ziet en oordeel niet. Bekijk degene voor je alsof je hem of haar voor
   het eerst ziet. Richt je aandacht steeds op het observeren.

o Kijk nu naar de vorm van het gezicht. Is het gezicht vooral rond, langwerpig of misschien
   hoekig? Welke lijnen zie je in het gezicht? Hoe loopt de kaaklijn? Het voorhoofd? De kin?
   Vallen er haren langs het gezicht? Observeer de neus. Hoe lopen de lijnen? Welke kleuren
   zie je? Welke vorm hebben de neusvleugels?

o Bekijk de haren. Als hij of zij geen haar heeft of het is niet zichtbaar, dan kijk je naar de vormen en kleuren van de bovenkant van de schedel of naar het hoofddeksel of de omslagdoek.
   Hoe valt het haar? Valt het verschillende kanten op? Welke vormen zie je? Krullen? Is het
   haar steil? Of ertussenin? Welke kleuren heeft het haar? En hoe valt het licht op het haar?
   Zie je schaduwen? Hoe zijn de lengtes?

o Als het soms zo is dat je merkt dat er oordelen in je opkomen, wees je dan daarvan bewust,
   merk op wat dat met je doet en breng je aandacht vriendelijk terug naar het observeren.

o Bekijk de mond. Wat zie je? Welke vormen? Welke kleuren? Wat valt nog meer op? Bestudeer
   nu de ogen: welke kleuren zie je in de ogen? Hoe groot is de pupil? Hoe valt het licht in de
   ogen? Zie je weerspiegelingen in de ogen? Hoe zijn de wimpers? Welke kleur? Zijn ze gekruld
   of recht? Welke vorm hebben de ogen? Zie je verschillen tussen beide ogen? Hoe staan de
   wenkbrauwen boven de ogen? Welke vorm hebben ze? Hoe vallen de haartjes van de wenkbrauwen?

o Zie je rimpels of andere lijnen, hoe is de structuur van de huid? Moedervlekken? Littekens
   of wondjes misschien? Wat zie je nog meer als je het gezicht in zijn geheel nog eens be-
   kijkt?

o   Er zijn altijd punten waar je tevreden over kunt zijn of die bijzonder zijn. Kijk nu nog eens
    en bedenk welke dat voor jou zijn.
o   Sluit nu je ogen en zit nog een tijdje in stilte. Hoe voel je je nu?

17. Zien zonder kijken – *observeren en tekenen*

Beschrijving
Een portret tekenen zonder naar de tekening te kijken en daarna schilderen

Tijd
3 tot 10 minuten

Materialen
Een spiegel of foto van jezelf of iemand anders, papier of karton om op te schilderen,
een potlood, verf, kwasten en eventueel plakband

o   Zet de spiegel of de foto voor je, net als in de vorige oefening.
o   Leg het papier voor je en houd je potlood vast. Plak eventueel je papier met plakband vast
    op je tafel.
o   Begin nu met wat je ziet te tekenen. Tijdens deze oefening blijf je naar de foto of jezelf in
    de spiegel kijken. Je kijkt dus niet naar wat je tekent. Til je potlood niet van het papier, en
    blijf naar het portret of jezelf kijken en tekenen totdat je denkt dat alle belangrijkste lijnen er
    staan.
o   Als je klaar bent, dan kijk je naar wat je gemaakt hebt.
o   Begin nu te schilderen. Vul de vlakken en lijnen in je portret zoals je wilt. Je kunt sommige
    potloodlijnen laten verdwijnen of veranderen door er overheen te schilderen, en andere lijnen
    kun je versterken met je verf. Misschien wil je bepaalde vormen herhalen.
o   Neem als je portret klaar is de tijd om er nog een tijdje in stilte naar te kijken. Zie je over-
    eenkomsten met je foto of wat je in de spiegel zag? Verschillen?
o   Hoe voel je je nu?

Kubisme

Soms hebben de portretten die op deze manier worden gemaakt een kubistische uitstraling. Het kubisme was een kunststroming aan het begin van de twintigste eeuw. Een kenmerk van het kubisme is de vereenvoudiging en het gebruik van vormen zoals kubussen, kegels en bollen. Kubistische schilders maakten drie-dimensionale vormen vaak vlak en herhaalden de patronen vaak. Bekende kubistische schilders zijn bijvoorbeeld Paul Cézanne (Frankrijk, 1839-1906), Piet Mondriaan (Nederland, 1872-1944), Marthe Donas (België, 1885-1967), Ismael Neri (Brazilië, 1900-1934) en Pablo Picasso (Spanje, 1881-1973).

18. Face to face – *met aandacht kijken*

Betekenis van face to face: in elkaars (fysieke) aanwezigheid; in direct contact met elkaar; recht tegenover elkaar; persoonlijk.

Je doet deze oefening in tweetallen of in een groep.

Beschrijving
Oogcontact maken met iemand die tegenover je zit

Tijd
2 tot 20 minuten

Materialen
Een stoel om op te zitten, eventueel een signaal om de tijd aan te geven

o   Ga tegenover elkaar zitten en sluit je ogen.
o   Voel even hoe je zit. Voel hoe je billen de stoel raken en je voeten de grond. Adem een paar keer iets dieper in en uit.
o   Als je er klaar voor bent dan open je rustig je ogen en kijk je de ander in zijn of haar ogen. Je kunt van tevoren afspreken hoelang je dit doet.

TIP Je kunt ervoor kiezen om de oefening eerst kort te laten duren en dan nog eens te herhalen en dan langer te laten duren.
In een groep kun je met een binnen- en buitenkring werken. De binnenkring schuift steeds na de afgesproken tijd in plaats op. Dan begint de oefening opnieuw.
Soms maakt deze oefening je aan het lachen. Geef dat gerust ruimte. Als je wilt, kun je daarna in stilte verder gaan.
Bekijk na de oefening een reportage van 'The artist is present'.

Bob Eshuis: Waste

Fotograaf Bob Eshuis (Nederland) liep dagelijks met zijn hond door zijn woonplaats Amsterdam en ergerde zich aan het afval dat hij zag liggen. Hij besloot het zwerfvuil te verzamelen en dit als thema te gebruiken voor een fotoserie om zo aandacht te vragen voor dit probleem; hij wilde mensen erover laten nadenken en ze aanmoedigen om er iets aan te doen. In zijn foto's liet hij zich inspireren door klassieke schilderijen met stillevens waarin licht een belangrijk element is.

Bob Eshuis: *WASTE#06*, 2012. ©Bob Eshuis

Bob Eshuis

19. Schoonmaak – *geleide meditatie*

Beschrijving
Geleide meditatie waarin je je voorstelt dat de ruimte waarin je bent voor je wordt schoongemaakt

Tijd
5 tot 15 minuten

Materialen
Eventueel een flesje met eucalyptus, ylang ylang, citroen of dennenolie die je rond kunt sprenkelen of kunt laten verdampen

o   Zorg dat je lekker zit of ligt. Adem ontspannen in en uit.
o   Bekijk met aandacht de ruimte waarin je nu bent. Als je buiten bent, dan neem je je eigen woon- of slaapkamer in gedachten.
o   Sluit nu je ogen. Zie de ruimte opnieuw voor je, nu met je ogen dicht. Bedenk welke meubels er staan, waar ze ongeveer staan en hoe het licht naar binnen schijnt.
o   Stel je voor dat je stemmen hoort die zachtjes neuriën. Het is een prettig geluid. Bedenk uit welk deel van de ruimte je dit geluid hoort komen.
o   Stel je voor dat er kleine wezens binnenkomen die dit geluid produceren. Ze zien er liefdevol en vriendelijk uit. Verzin hoe de wezens eruitzien en zie maar voor je hoe ze bij jou in deze ruimte zijn. Ze merken jou verder niet op, alsof ze je niet zien. Je observeert de wezentjes en ziet hoe ze emmers met water bij zich hebben, bezems, dweilen en doeken.
o   Terwijl je luistert naar het prettige neuriën, zie je voor je hoe de wezens de ruimte beginnen schoon te maken. Ze zijn klein en ook wendbaar, zodat ze in elk hoekje kunnen komen en geen plek vergeten om schoon te maken. Ze kunnen zelfs tegen de muren omhooglopen en op hun kop op het plafond. Zie maar voor je hoe alles begint te blinken en ruik eens hoe fris het nu ruikt. *(Als je deze meditatie begeleidt, dan sprenkel je op dit moment wat frisse olie in de ruimte.)*
o   Wat voel je nu?

Leerkracht middenbouw

20. Schone wereld – *geleide zit- of ligmeditatie*

Beschrijving
Je voorstellen dat je een natuurlandschap ziet, waar al het afval vanzelf verdwijnt

Tijd
5 tot 15 minuten

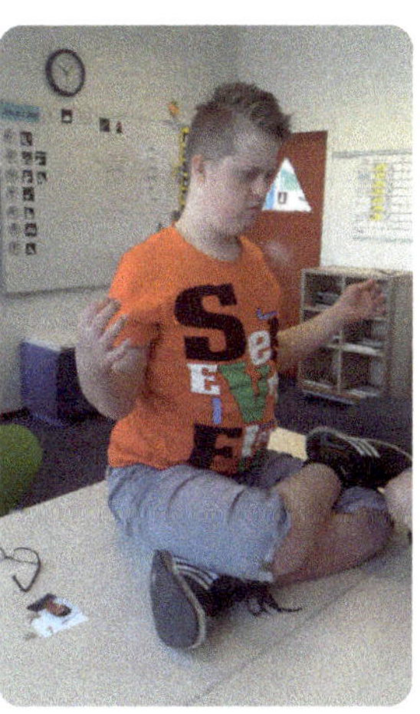

o   Zorg dat je lekker zit of ligt, sluit als je wilt je ogen of kies een vaste plek om je blik op te richten. Adem ontspannen in en uit.

o   Stel je voor: je zweeft in de lucht. Jij kunt dat. Je hebt er niets voor nodig en zonder moeite zweef je rustig net boven de hoogste bomen. Je vindt het heerlijk en geniet ervan. Het is lekker weer, niet te warm en niet te koud. De zon schijnt en het is precies de juiste temperatuur voor jou. Je hoeft je niet in te spannen, de wind voert je mee, en zachtjes zweef je boven de bomen.

o   Je kijkt naar beneden. Daar zie je een prachtig natuurlandschap. Bedenk zelf maar hoe het eruitziet. Een plek waar je ooit geweest bent, die je op een plaatje gezien hebt of een plek die je in je hoofd verzint.

o   Misschien zie je heuvels, of bergen? Of is het landschap juist vlak? Zijn er veel bomen? Of een paar? Zie je verschillende bomen of allemaal dezelfde? Bedenk maar hoe de bomen eruitzien nu jij daar zo boven zweeft. Zie je gras? Of zand? Of wegen en paden? Wat er ook is, het is er prachtig. In je hoofd maak je een prachtig landschap, en jij mag daarboven zweven. Misschien zie je ook water, een meer, of een beekje of een rivier? Zie maar hoe de zon in het water schittert en hoe het water beweegt.

o   Nu zie je dat tussen dat prachtige landschap ook afval ligt. Wat zie je allemaal? Je ziet verschillende kleuren afval. En verschillende soorten. Het vervuilt en bederft jouw prachtige landschap. Dan zie je dat het afval zodra jij het voor je ziet langzaam oplost. Een gele fles wordt lichtgeel, dan doorzichtig en – plop! – hij lost zomaar op. Hij is er niet meer. Zie maar weer ander afval voor je, en stel je voor dat ook dat lichter wordt van kleur, doorzichtig is en – plop! – verdwijnt. Zo ruim jij het natuurlandschap beneden je op. Zie steeds het zwerfvuil voor je. Kijk er goed naar en stel je voor hoe de kleur verbleekt, transparant wordt en weer verdwijnt. Jij bent de opruimer van de natuur.

o   Je zweeft verder, helemaal op je gemak en je geniet van de schone natuur. Daar zweef je dan, heerlijk in het zonnetje. Geen wolkje aan de hemel, wat een schone wereld. Blijf nog een poosje genieten van het zweven en de mooie natuur. En als je je niets kon voorstellen of er zijn gedachten, misschien kun je dan de oefening kleiner maken door je alleen voor te stellen dat je zweeft. Misschien is dat genoeg. Of je stelt je juist alleen voor dat je een natuurlandschap voor je ziet. Of je merkt gewoon op dat het niet zo gaat en wat dat met je doet. Voel hoe je ligt en hoe je adem je lichaam zachtjes laat bewegen. En wie wil, zweeft verder over het schone natuurlandschap. Neem de tijd.

o   Dan, als je er klaar voor bent, beweeg je je voeten weer een beetje, en je handen. Draai je hoofd maar heen en weer, doe je ogen weer open, draai op je zij en ga weer rustig zitten.

o   Hoe voel je je nu?

TIP Bekijk voorafgaand aan deze oefening een filmpje of documentaire over wat afval kan veroorzaken in de natuur. Op de website staan enkele suggesties. 🖥

Overdenking/nagesprek
Helaas is onze wereld niet altijd zo schoon als aan het eind van deze oefening.
Kun je voorbeelden bedenken van plekken waar het buiten toch heel schoon is?
Hoe komt dat?
Wat doet dat met je?
En zijn er plekken die je kent waar het juist vervuild is? Wat vind je daarvan?
Gebeurt er iets om dat probleem op te lossen? Maakt iemand het schoon? Wie?
Of als dat niet gebeurt, weet je waardoor dat komt?

21. Plopen – lopen met aandacht

Thich Nhat Hanh

Beschrijving
Met aandacht wandelen waarbij je zwerfvuil verzamelt

Tijd
10 minuten tot een dagdeel of hele dag

Materialen
Een tas, emmer of vuilniszak om afval in te verzamelen en eventueel rubberen of plastic handschoenen

Plogging
In Zweden ontstond 'plogging'. Dit is een woord waarin twee woorden samenkomen: joggen en het Zweedse woord 'plocka upp' wat oppakken betekent. Plogging is een initiatief waarbij mensen die terwijl zij hardlopen zwerfafval verzamelen. Dit initiatief krijgt nu navolging in veel landen.

Neologisme
Een neologisme is een nieuwgevormd woord of een bestaand woord met een nieuwe betekenis. Een voorbeeld van een neologisme is het woord fietssnelweg of 'jegging' (legging van jeansstof). De naam van deze oefening 'Plopen' is mijn variatie op plogging: ons werkwoord lopen en 'plocka upp'. Of 'pl' van 'plastic', omdat plastic het zwerfvuil is dat je veel ziet en dat lang blijft liggen.

TIP Gebruik afvalzakken en handschoenen die biologisch afbreekbaar zijn.

o Doe een loopmeditatie. Verzamel al het afval dat je onderweg tegenkomt in je tas. Laat deze meditatie ten minste vijf minuten duren. En je kunt het ook zeker verlengen tot een aantal uren of zelfs een hele dag. In 'Plopen' kun je de aandacht van je voetzolen verplaatsen naar dat wat je observeert en als dat afval is, pak je dat vervolgens met aandacht op.

"Ruimt niemand dit op, juf?!"

Max – 9 jaar

Een loopmeditatie is een diepe meditatie waarbij je het tempo van je lopen afstemt op je ademhaling. Bijvoorbeeld drie stappen bij een inademing en drie bij een uitademing. Je richt je aandacht op je ademhaling en op het lopen zelf.

Voor wie niet bekend is met een loopmeditatie, hier een deel van de oefening 'Supervoeten' uit *Spelen in Stilte: mindfulness in de klas*:

o Ga staan en wiebel maar met je tenen. En ga op je hielen staan. Wat voel je nu in je voeten? En ga op je tenen staan. Wat voel je nu in je voeten?
o Doe je handen op je rug.
o Kijk steeds naar een punt ongeveer twee meter voor je op de grond. *Leg bij jonge kinderen uit waar dat punt ongeveer is.*
o Loop heel langzaam rond en voel hoe je voeten de grond raken. Voel je hielen, je voetzolen, de onderkant van je tenen. Wat voel je in je voeten?
o Loop zo een tijdje langzaam rond.

TIP Je kunt tijdens het lopen een gatha gebruiken. Zoals: bij elke inademing 'Ik ben hier' en bij elke uitademing 'in het nu', of bij een inademing 'Ik voel me stevig' en bij een uitademing 'en ontspannen'. Je kunt eigenlijk elke gatha gebruiken die op dit moment belangrijk of goed voor je is.

Gatha

Een gatha is een klein gedichtje dat je kan helpen om een dagelijkse handeling met alle aandacht uit te voeren. Je kunt een gatha hardop uitspreken of in jezelf repeteren en eigenlijk bij alles wat je doet gebruiken. Als je je tanden poetst, dan kun je er een gewoonte van maken om iets vriendelijks tegen jezelf te zeggen. Als je gaat fietsen of in een auto stapt, dan kun je je voornemen om veilig te rijden. Een gatha helpt je geest om kalm en helder te zijn, zich volledig bewust van wat je lichaam doet. Daardoor heb je meer aandacht en zul je minder snel fouten of vergissingen maken. Er zijn veel bestaande gatha's en je kunt ze ook zelf bedenken. Een gatha komt van oorsprong uit de oud-Indische talen. Het woord is afgeleid van het woord 'gai' uit de oud-Indiase talen Sanskriet en Prakrit dat spreken, zingen, opzeggen of ophemelen betekent.

"De loopmeditatie was nieuw voor deze groep, het was een beetje
vreemd voor sommigen. Dat je ook buiten met een groep kunt zijn
zonder dat je daar heel druk bent, was een hele belevenis. We vonden
ook een aantal echt vieze dingen of dingen die er al heel lang lagen, zoals
afgestoken vuurwerk. De verbazing hierover konden de kinderen niet
allemaal in stilte verwerken, en dat vond ik eigenlijk niet zo erg.
Een van de leerlingen die voor deze oefening nog een boze bui had, vaak
contact zoekt en luidruchtig kan zijn, kwam helemaal tot rust. Nu liep hij,
heel bewust van de beweging, alleen rond in het park en verzamelde afval.
Een heel ander kind, vertederend en mooi! Een heerlijke ervaring waarbij het
bijna lijkt alsof je schelpjes zoekt op het strand in plaats van afval in de stad."

Frencis – leerkracht groep 5 en mindfulnesstrainer

22. Stil(l)even – *beeldende vorming en fotografie*

Beschrijving
Het zwerfvuil zo bij elkaar neerzetten of etaleren waardoor het een interessant beeld vormt

Tijd
10 minuten tot een dagdeel of hele dag

Materialen
Het afval uit de vorige oefening, een fototoestel en eventueel verlichting met filters

o   Haal al het afval uit de zak. Observeer wat je allemaal hebt gevonden.
o   Wat zie je? Wat ruik je? Wat doet dat met je? Voel je dat ergens op een bepaalde plek in je lichaam? Of nergens in het bijzonder? Je hoeft niet je best te doen om iets te voelen, merk gewoon op wat er nu voelbaar is; ook als dat niets is, dan is dat goed.
o   Sorteer het afval als je wilt. Je kunt dezelfde kleuren bij elkaar zetten, of dezelfde vormen of materialen. Plastic bij plastic, papier bij papier, van klein naargroot ...
o   Kies een achtergrond en een plek om je afvaletalage te maken. Gebruik als je wilt een lamp of een paar lampen om je stilleven te verlichten. Bekijk ook wat het effect is als je er een kleurenfilter voor doet.
o   Als je tevreden bent over de compositie, dan kies je een positie van waaruit je het afval gaat fotograferen. Maak een aantal foto's en kies er een uit.
o   Observeer die foto nauwkeurig. Als je met een groep werkt, bekijk dan ook elkaars foto's en bekijk de overeenkomsten en verschillen.

23. Stil even – *overdenking*

Beschrijving
Meditatie gericht op de zwerfvuilproblematiek

Tijd
5 tot 15 minuten

o   Ga zitten of liggen in een houding die comfortabel voor je is. Voel hoe je ademhaling je lichaam zachtjes beweegt.

o   Denk nu terug aan het afval dat je verzameld hebt. Sta stil bij het zwerfvuil dat wij als mensen verspreiden.

o   Misschien kun je iets bedenken om hier iets aan te doen? Het kan iets kleins zijn of iets groters. Iets wat je zelf kunt veranderen.

o   Sta stil bij hoe je zelf een beetje kunt helpen om het zwerfvuilprobleem te verbeteren. Wil je hier iets in betekenen?

o   Zet je gedachte als je dat wilt om in een actieplan. Waar? Wanneer? Hoe? Met wie? Wat is er voor nodig?

TIP Als je deze oefening met een groep doet, dan kun je de ideeën met elkaar delen, krachten bundelen, elkaar versterken en actie ondernemen.

Tony Orrico: Penwald: 2: 8 circles

Tony Orrico (VS) maakt veel van zijn kunstwerken op de grond of op een muur. Terwijl hij in beide handen grafietstiften vasthoudt, creëert hij patronen door repetitieve symmetrische bewegingen met zijn lichaam te maken; het is alsof hij danst op papier.

Tony Orrico: *Penwald: 2: 8 circles: 8 gestures*, 2009
Foto: Michael Hart ©Tony Orrico

Tony Orrico

24. Dansen op papier – *tekenen en bewegen*

Beschrijving
Een beweging herhalen en intussen het papier bewegen waardoor een vorm ontstaat

Tijd
3 tot 10 minuten

Materialen
Een groot stuk stevig papier van minimaal A3-formaat (zoals een stuk karton van een oude doos) en een potlood, houtskool of krijt

o Leg je papier of karton op een tafel. Voel even hoe je zit. Waar raken je billen de stoel? Je voeten de grond? Adem in en uit.

o Maak van de hand waarmee je schrijft een vuist, duim omhoog. Doe je krijtje of potlood in je vuist, punt naar beneden zodat het vlak onder je vuist uitsteekt. Zet je potlood/krijt op het papier. Laat je elleboog op de tafel steunen en houdt die tijdens de oefening op dezelfde plek.

o Adem in en uit en begin dan heen en weer te bewegen met je vuist waardoor er lijnen ontstaan. Luister naar het geluid. Als je wilt dan kun je je ogen sluiten. Blijf doorgaan met je bewegingen.

o Draai met je andere hand je papier een beetje en blijf doorgaan met de heen en weer gaande bewegingen.

o Draai je papier wanneer je wilt. Kies zelf wanneer je wilt stoppen. Doe hetzelfde eventueel eens met je andere hand.

o Als je wilt, dan kun je aansluitend lijnen overtrekken met verf of stift en de vlakken inkleuren.

 Doe dezelfde oefening eens met een ander lichaamsdeel. Maak bijvoorbeeld een potlood met een riempje of doek vast aan je elleboog, of aan je voet.

Variatie: dansen op de tegels. Geschikt als het lekker weer is. Gebruik stoepkrijt en doe de oefening net als Tony Orrico liggend op de grond: Wat voel je als je zo op je buik op de tegels ligt? Waar voel je dat je lichaam de tegels raakt? En hoe is het als je dezelfde oefening liggend op je rug doet?
Als je in het bezit bent van grote stukken papier of karton, dan kan dit ook binnen.

> **"Er waren geen kinderen die niet mee wilden doen, dat is best uniek.**
> **Twee kleuren stoepkrijt in je vuist en aan de slag. Als je op je buik ligt,**
> **overzie je het resultaat nog niet. Prachtig als ze dat ontdekken als ze opstaan.**
> **Super goede motorische oefening en er kwam heel wat rekentaal tevoorschijn.**
> **Bewegend leren, liggend op het plein. En dan zulke mooie kunstuitingen!"**

Sytske – leerkracht kleuters

25. Muziektekening – *blind tekenen*

Beschrijving
Je ogen sluiten en tekenen met verschillende materialen en luisteren naar de geluiden die dat maakt

Tijd
3 tot 10 minuten

Materialen
Een papier en verschillende tekenmaterialen, eventueel een blinddoek

o   Leg je papier op een tafel. Pak een potlood of iets anders om mee te tekenen. Adem een paar keer in en uit en voel hoe je hier nu zit. Sluit je ogen.
o   Voel waar je papier is en begin met tekenen; het hoeft niets voor te stellen. Luister. Wat hoor je nu? Blijf een tijdje tekenen en luisteren.
o   Kies nu iets anders om mee te tekenen; je mag even kijken. Sluit je ogen weer en ga opnieuw tekenen. Wat hoor je nu?
o   Maak korte en hoekige lijnen. Wat hoor je nu?
o   Maak ronde vormen. Wat hoor je nu?

o   Maak stippen? Wat hoor je?
o   Kies zelf welke geluiden je nu wilt tekenen en wissel wanneer je wilt met je tekenmaterialen.

TIP Neem na de oefening de tijd om wat je gemaakt hebt te bekijken. Inspireert dit om er nog iets aan toe te voegen? Gebruik als je wilt ook andere materialen zoals verf of ecoline.

"Ik wil met andere kleuren op dezelfde plek gaan,
dan krijg ik misschien een regenboog!"

Maud – 4 jaar

Tatsuya Tanaka: Sweet Fire

Sinds 20 april 2011 creëert kunstenaar Tatsuya Tanaka (Japan) miniatuurwerelden. Hij gebruikt vaak dagelijkse gebruiksvoorwerpen en voedsel in zijn werk die iedereen herkent en zet ze op een bepaalde manier neer, waardoor chips in een heuvellandschap veranderen of een aantal rietjes boomstammen zijn. De foto's die hij hiervan maakt, publiceert hij op een online kalender.

Tatsuya Tanaka: *Sweet Fire*, 2020. ©Tatsuya Tanaka

Tatsuya Tanaka

26. Gekrompen – *geleide meditatie*

Beschrijving
Een meditatie waarin je je voorstelt hoe de wereld eruitziet als je opeens nog kleiner bent dan een madeliefje

Tijd
3 tot 15 minuten

- Zorg dat je lekker zit of ligt, sluit je ogen. Adem ontspannen in en uit.
- Het is lekker weer. Stel je voor dat je buiten bent, je staat op het gras. Je hoort de vogels fluiten. Dan fluit er een vogel heel hoog en lang en …
- Plotseling merk je dat je krimpt; je wordt kleiner en kleiner totdat je naast een madeliefje staat. De bloem steekt nog boven je uit, je bent zo klein als een slak.
- Je kijkt om je heen en je vindt het wel grappig om zo klein te zijn! Je ziet hoe mooi de kleur groen van de grassprietjes is, en alle grassprietjes zijn weer anders van kleur. Als je goed kijkt, dan zie je zelfs kleine haartjes op het gras groeien.
- Je wandelt tussen het gras en tussen de madeliefjes. Het gras lijkt wel op bomen en de madeliefjes op reuzenparasols. De zon schijnt er doorheen en je hoort de wind zachtjes door het gras waaien. Wat is de wereld mooi! Je kijkt om je heen en ziet steeds meer. Neem de tijd om je voor te stellen hoe de wereld nu je zo klein bent eruitziet.
- Dan hoor je de fluitende vogel weer. Je voelt dat je weer groeit.
- Als je er klaar voor bent, beweeg je je voeten weer een beetje en je handen. Draai je hoofd maar heen en weer, doe je ogen weer open, draai op je zij en ga weer rustig rechtop zitten.
- Hoe voel je je nu?

27. Verbeelding – *observeren*

Beschrijving
Observeren van dagelijkse voorwerpen vanuit een ander perspectief

Tijd
3 tot 30 minuten

Materialen
Alledaagse materialen en een tafel

- Verzamel in de omgeving, zowel binnen als buiten, een aantal kleinere dagelijkse voorwerpen. Als je met een groep bent, dan kan iedereen binnen een afgesproken tijd een bepaald aantal voorwerpen bij elkaar zoeken.
- Bekijk voordat je begint ter inspiratie wat werk van Tatsuya Tanaka.
- Leg alle voorwerpen op een grote tafel.
- Ga nu zo zitten, dat je net over het randje van de tafel kunt kijken. Zorg dat je deze houding een poosje kunt volhouden.

o   Probeer los te laten wat je al weet van het voorwerp en alles wat er ligt vanuit deze positie opnieuw te bekijken. Wat zie je nu?

28. Associatie – *brainstormen*

Beschrijving
Verschillende alledaagse voorwerpen bekijken en daar vrij op associëren

Tijd
5 tot 15 minuten

Materialen
Alledaagse materialen en een doek

Associëren
Bij een associatie is alles goed en zijn er dus geen foute antwoorden. Associëren kun je zien als een 'opwarming' van je brein en het kan een creatief proces stimuleren.

o   Als je samen bent, dan vorm je een groepje van twee tot vier mensen. Als je alleen bent, dan doe je deze oefening voor jezelf; je kunt dan als je wilt opschrijven of tekenen wat in je opkomt.
o   Leg een aantal materialen onder een doek.
o   Pak een voorwerp onder de doek weg en leg dat zo neer, dat het goed te zien is.
o   De eerste persoon zegt een woord waaraan hij of zij denkt bij het zien van dit voorwerp. Alles is goed. Je kunt beschrijven wat je ziet (vorm, kleur, materiaal, …), je kunt iets noemen waar het je aan doet denken (een herinnering, wat je over dit materiaal weet, …), je kunt zeggen wat het nog meer zou kunnen zijn, een geluid maken dat je hierbij vindt passen, hoe het voelt, ruikt, klinkt, …
o   Dan zegt de volgende iets. Probeer tempo te houden.
o   Daarna de volgende, en zo ga je door. Zoveel rondes als je maar door kunt gaan.
o   Als je niets meer kunt bedenken, dan sla je een beurt over.
o   Als er geen associaties meer komen, dan pak je een nieuw voorwerp en herhaal je de oefening.

29. Miniatuurdiorama – *decorontwerp, fotografie*

Beschrijving
Een nieuwe wereld maken met alledaagse voorwerpen voor kleine poppetjes

Tijd
5 minuten tot enkele uren

Materialen
Alledaagse materialen uit de vorige oefeningen en een klein poppetje of meerdere kleine poppetjes, eventueel doeken om als achtergrond te gebruiken en een camera

Diorama

Een diorama of kijkkast is een opstelling waarbij voorwerpen zo zijn opgesteld dat er een indruk van een mogelijke werkelijkheid te zien is. Je ziet ze vaak in musea.

- Neem een poppetje mee en loop rond, buiten of binnen. Gebruik ook je spullen, neem iets mee of zet wat bij elkaar.
- Zet je poppetje op verschillende plekken tussen voorwerpen en kijk eens of je op deze manier inspiratie krijgt om een nieuwe wereld te creëren.
- Zet eventueel wat materialen en voorwerpen bij elkaar en kijk eens hoe het eruitziet als je poppetje daartussen een plek krijgt.
- Probeer verschillende opstellingen en posities. (Als je een tijdje bezig bent geweest, dan is het soms goed om even afstand te nemen, iets anders te gaan doen, en dan weer door te gaan. Daardoor kunnen opeens weer nieuwe ideeën ontstaan.)
- Maak een keuze, zet de spullen die je wilt gebruiken neer en geef je poppetje(s) een plek. Je kunt er een foto van maken.

30. Kabouterwereld – *fotografie*
Deze activiteit doe je buiten. 

Beschrijving
Een poppetje in de natuur plaatsen en dit fotograferen

Tijd
5 minuten tot enkele uren

Materialen
Een klein poppetje of meerdere kleine poppetjes en een camera

Microcosmos

De kunstwerken van Tatsuya Tanaka doen me denken aan de film *Microcosmos* van de biologen Claude Nuridsany en Marie Pérennou. Een natuurfilm uit 1996 waarin de wereld van insecten en ongewervelde kleine dieren te zien is. Bruno Coules maakte de muziek waarin geluiden van de insecten gemixt werden met muziek, verder wordt in de film niet gesproken. Het is inspirerend om deze film of fragmenten hiervan te bekijken. 🖥

o   Ga naar buiten met je poppetje(s). Bekijk de wereld om je heen, neem de tijd.
o   Kies een plek waar je het poppetje kunt plaatsen en zet het daar neer.
o   Wat zie je nu?
o   Probeer verschillende plekken en posities. Als je wilt, dan kun je foto's maken.
o   De beste foto kun je afdrukken, inlijsten en een passende plek geven. Je kunt je werk een titel geven en die er met je naam bij hangen of achterop schrijven. Eventueel met de datum waarop de foto gemaakt is.

De volgende oefening is een vervolg op deze.

TIP   Onthoud de plek waar de foto gemaakt is en maak maandelijks deze zelfde foto. Welke veranderingen zie je?

31. That's life – *drama, poppenspel*
In deze oefening kun je ervoor kiezen om samen te werken.

Beschrijving
In de nieuwe wereld een scène spelen met de kleine poppetjes

Tijd
10 tot 30 minuten

Materialen
Alledaagse materialen uit de vorige oefeningen en een klein poppetje of meerdere kleine poppetjes, eventueel doeken om als achtergrond te gebruiken en een camera, papier, potloden of pen

o   Bekijk wat je gemaakt hebt in de vorige oefening nog een keer goed.
o   Bedenk nu een kort verhaaltje dat zich hier zou kunnen afspelen. Wat kan er gebeuren? Of wat kan er vooraf zijn gegaan aan dit beeld? Je kunt er ook samen over nadenken. Wat is er gebeurd? En wat is er nu? Bedenk een begin, een midden en een eind van een kort verhaal. Als je wilt, dan voeg je materialen of poppetjes toe en verander je dingen in je decor. Maak eventueel (aan)tekeningen.
o   Speel het verhaaltje met je poppetjes. Kies verschillende stemmen. Een iets lagere of hogere stem is eenvoudiger dan je stem helemaal verdraaien. Iets trager of juist versnellen werkt ook.
o   Repeteer een paar keer en perfectioneer je spel.
o   Neem nu een moment om in stilte met gesloten ogen te zitten. Zie het verhaal nog een paar keer in gedachten voor je. Heb vertrouwen in je verhaal en je spel. Daarna speel je als je wilt de korte voorstelling voor de anderen. Je kunt er ook een filmpje van maken.

Suzanne Saroff: Perspective

Suzanne Saroff (VS) raakte in 2017 geïnspireerd voor de serie 'Perspective' toen ze in haar keuken een sinaasappel achter een glas water zag. Saroff werkt het liefst met dagelijkse voorwerpen zoals bloemen en groente. Ze omschrijft het proces van de juiste compositie zoeken en het fotograferen als een vorm van meditatie. Op de website is meer informatie te vinden.

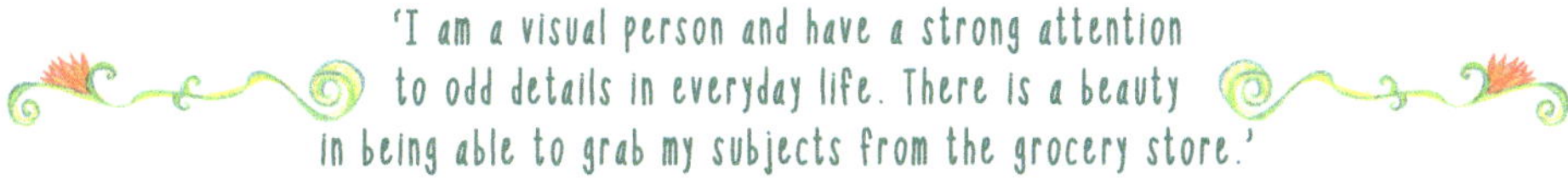

Suzanne Saroff

Beschrijving
Geleide meditatie waarin je je voorstelt hoe je onder een sinaasappelboom ligt en hoe de vormen van de sinaasappels veranderen

Tijd
3 tot 15 minuten

Materialen
Eventueel een muziekinstrument, bij voorkeur een instrument dat tonen wat langer aanhoudt zoals een xylofoon, triangel, klankschaal of gitaar

Als je deze meditatie begeleidt, dan kun je de klanken zelf maken en laat je de oranje tekst weg.

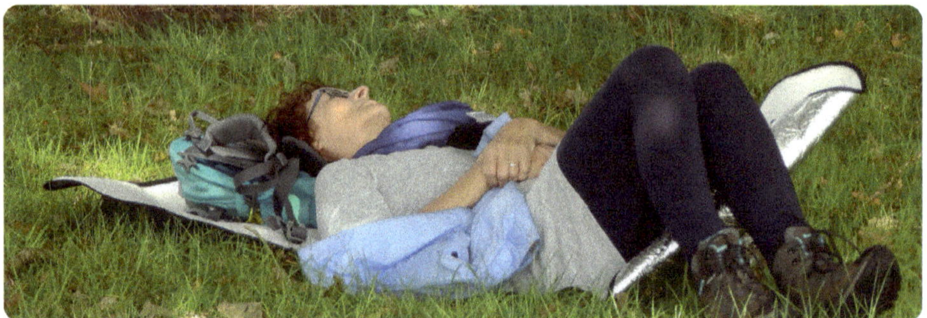

o   Zorg dat je lekker zit of ligt, sluit je ogen. Adem ontspannen in en uit.

o   Het is lekker weer, warm genoeg om buiten te zijn. Stel je voor dat je buiten bent. Je ligt onder een sinaasappelboom. De zon schijnt en je ziet de zonnestralen tussen de takken en bladeren door schijnen. Er is een zacht briesje en misschien hoor je de bladeren zachtjes bewegen.

o   Er zijn nog een paar bloesems en misschien ruik je de frisse en zoete bloesem van de sinaasappelboom.

o   Er zijn ook al sinaasappels. Stel je voor hoe je tussen de takken en bladeren van de boom de sinaasappels ziet hangen.

o   Adem rustig door in je eigen tempo, je hoeft niets te veranderen. Stel je voor hoe jij onder de boom ligt, omhoogkijkt en de bladeren ziet, de bloesems en de sinaasappels. Wat ruik je? Wat voel je nu? Wat het ook is, alles is goed. Je kunt het gewoon opmerken.

o   *Stel je nu voor dat je een mooie klank hoort, je kiest zelf welke. Misschien een klein melodietje of alleen een rustige toon. Een klankstaaf? Een fluitende vogel? Een piano? Iemand die zingt? Wat het ook is, je kiest het zelf en het is een prettig geluid.*

o   Terwijl je een mooie klank hoort, kijk je naar een sinaasappel. Kijk naar de sinaasappel. Je ziet dat de vorm van de sinaasappel verandert. De sinaasappel wordt langgerekter.

o   Je kijkt naar een andere sinaasappel en hoort een nieuwe klank. En je ziet dat ook deze sinaasappel verandert. Deze sinaasappel groeit dikker en dikker en wordt wel twee keer zo groot.

o   Een nieuwe klank, kijk naar een andere sinaasappel, die verandert in de vorm van een kromme banaan. Zo hoor je steeds nieuwe klanken, en zie je steeds andere vormen van sinaasappels, ze kunnen in elke vorm veranderen. Zie het maar voor je.

Maak nu bij een geleide meditatie een tijdje verschillende klanken.

o   Zijn alle sinaasappels veranderd? Wat zie je nu? Wat hoor je? Hoe voel je je? Misschien zag
    je niets, vond je het lastig of voel je je ongemakkelijk. Merk het maar op en blijf een tijdje
    bij je gevoel, welk gevoel dat ook is.
o   Als je er klaar voor bent, dan beweeg je je lichaam weer een beetje; draai je hoofd zachtjes
    heen en weer, rek je als je dat prettig vindt even uit, open je ogen. Draai als je ligt naar je
    linkerzij en kom weer zitten.

33. Breaking news – *luisteren en observeren*

Beschrijving
Fruit of objecten bekijken door vazen en glazen met water; de opstelling veranderen onder begeleiding
van muziek

Tijd
5 tot 30 minuten

Materialen
Vazen of glazen gevuld met water, objecten zoals sinaasappels en één of meer muziekinstrumenten,
bij voorkeur een instrument dat tonen langer aanhoudt zoals een xylofoon, triangel, klankschaal of gitaar

Deze oefening kun je alleen doen of met meerdere mensen tegelijk. Als je deze oefening alleen
doet, dan kun je dit in stilte of met zelf te kiezen achtergrondmuziek doen. Als je met meer
mensen bent, dan kun je kiezen tussen drie onderdelen:
Groep 1: muziek maken
Groep 2: de vazen en objecten verplaatsen
Groep 3: observeren

De eerste groep bestaat uit maximaal drie personen, de tweede groep is ook niet groter dan drie
en afhankelijk van het aantal muziekinstrumenten, de derde groep is het grootst.

Groep 1
Positie: Ga ergens naast of achter groep 3 zitten. Zorg dat je goed zicht hebt op de vazen en
          objecten.
Taak: Maak rustige muziek. Laat de tonen lang doorklinken en speel alleen af en toe tonen
          tegelijkertijd.
Groep 2
Positie: Zit goed in beeld voor iedereen bij een tafel of kast waarop de vazen, glazen en
          objecten kunnen staan.
Taak: Maak een compositie van de vazen en glazen voor het fruit of de objecten. Verplaats
          in een rustig tempo zo nu en dan een vaas of een sinaasappel. Laat je eventueel
          leiden door de muziek.
Groep 3
Positie: Zorg dat je de vazen, glazen en objecten goed kunt zien.
Taak: Observeer en luister. Wat zie je? Wat hoor je? Verandert er iets? Wat is er nu?

Rouleer af en toe de positie. Je kunt dit na een afgesproken tijd doen of de vrijheid nemen om
op een andere plek te gaan zitten wanneer je dat wilt.

Als je deze oefening alleen doet, dan wissel je tussen het verplaatsen van de vazen en objecten en observeren. Hoelang je hiervoor de tijd neemt, kun je zelf bepalen.

TIP Dit is eventueel ook geschikt om (met instemming van de deelnemers) aan publiek te presenteren

> ## "Ik vond het betoverend mooi om naar te kijken en te luisteren!"
> Marjan – 42 jaar

34. Zon en wolken – *geleide meditatie*
Dit is een oefening die je buiten doet als er een aantal wolken in de lucht voorbijtrekken. 

 **Beschrijving**
Geleide meditatie waarbij je naar de wolken kijkt

 **Tijd**
3 tot 30 minuten

o Zorg dat je lekker zit of ligt. Als het nog niet zo warm is, dan kun je een jas aandoen of een deken over doen. Zorg op die manier goed voor jezelf.

o Richt je blik omhoog en kijk naar de lucht. Adem ontspannen in en uit.

o *Pas deze tekst aan de weersomstandigheid aan.* Het is fijn weer, best warm. De zon schijnt lekker op je gezicht en je lichaam. Af en toe is er een wolk die voor de zon voorbijtrekt.

o Luister naar de geluiden om je heen. Wat ruik je? Het gras, de bloemen, of helemaal niets bijzonders? Wat het ook is, merk het maar op.

o Je kijkt naar de wolken in de lucht. Kies nu een wolk uit en volg die wolk. Welke vormen zie je? Welke kleuren heeft de wolk? Zijn er gaten in de wolk waar je de lucht doorheen ziet? Zie hoe de wolk zich verplaatst, misschien van vorm verandert en volg de wolk tot die uit het zicht verdwijnt.

o Doe dan hetzelfde met een andere wolk. Wat zie je? Welke vormen, kleuren, veranderingen?

o Denk nu aan iets in je leven wat je niet zo'n fijn gevoel geeft. Je kunt jezelf uitnodigen om iets te kiezen dat niet heel zwaar is, maar een beetje in de weg zit. Als je het een cijfer moest geven, en 1 is niet erg en 5 is heel zwaar, kies dan een cijfer tot maximaal 3. Je kunt als de oefening bevalt dan een volgende keer een 4 of 5 kiezen. Denk bijvoorbeeld aan iets wat minder goed lukt dan je zou willen, iets waar je tegenop ziet of iemand of iets waar je je zorgen over maakt. Kies er een uit. Als het moeilijk is om een keuze te maken, dan kies je dat wat je nu als eerste te binnen schiet. *In een groep kun je dit onderdeel ook voorafgaand aan de oefening bespreken.*

o In je hoofd kun je zachtjes je gevoel benoemen: Ik voel me … Ik vind het moeilijk dat … Ik zie op tegen … Ik maak me zorgen over … Ik voel me nerveus want …

o Kijk nu weer naar een wolk. Stel je voor dat de situatie met het gevoel dat jij nu gekozen hebt op die wolk meedrijft. Gevoelens zijn net als de wolken, ze zijn tijdelijk en veranderen en verdwijnen ook weer. Je bént niet je gevoel, je hébt het gevoel. En dat gevoel is tijdelijk. Misschien herinneren de wolken je hieraan als je gevoelens hebt die je liever anders zou zien. Zie maar voor je hoe het gevoel dat je net hebt opgeroepen meedrijft op de wolk en misschien wel verandert en verdwijnt.

o Wat voel je nu?

TIP Als er geen wolken zijn, dan kun je ook kiezen voor een andere metafoor. Heb je bijvoorbeeld zicht op een autoweg, kies dan voor de gevoelens of gedachten die met de voorbijrijdende auto's meegaan. Of is er een kanaal, kies dan voor de blaadjes die wegdrijven in het water, of de golven die komen en gaan. In een druk luchtvaartgebied kun je de vliegtuigen gebruiken.

35. Licht en schaduw – *luisteren en observeren*

Beschrijving
Verlichte bloemen en takken en hun schaduwen bekijken; de opstelling veranderen, onder begeleiding van muziek

Tijd
5 tot 25 minuten

Materialen
Vazen, flessen of glazen gevuld met water en een aantal bloemen of takken, een lamp waarmee je dit kunt belichten, muziekinstrumenten – bij voorkeur, net als in voorgaande oefeningen, een instrument dat tonen langer aanhoudt zoals een xylofoon, triangel, klankschaal of gitaar –, eventueel lichtfilters in verschillende kleuren zoals cellofaan of vliegerpapier

Als je deze oefening alleen doet, dan kun je dit in stilte of met zelf te kiezen achtergrondmuziek doen. Als je met meer mensen bent, dan kun je deze oefening doen in drie groepen, net zoals beschreven staat in oefening 33.

o Zet de vazen, flessen en glazen met water en bloemen op een tafel, dicht bij een muur, het liefst een lichte muur. Richt de lamp op de spullen op de tafel, zodat er schaduwen ontstaan op de muur.
o Verplaats de vazen en bloemen langzaam, zodat de schaduwen veranderen en daarmee het gehele beeld verandert. Wat zie je? Wat gebeurt er met de schaduwen?
o Als je wilt dan kun je verschillende kleurenfilters voor de lamp houden.
o Wat zie je nu?

TIP Ook dit is geschikt om met instemming van de deelnemer(s) te presenteren aan publiek.

Kathy Klein: Dānmālā 252

Kathy Klein (VS) maakt 'dānmālā's'. Dit is een woord uit het Sanskriet. Dān betekent 'gever' en mālā betekent een krans van bloemen. Kathi mediteert en zoekt vervolgens als haar geest in rust is bloemen en andere natuurlijke materialen waarmee ze haar mandala's maakt. Dat doet ze vaak in de natuur of op straat om voorbijgangers te kunnen inspireren.

Kathy Klein: *Danmala 252*, 2011. Foto: ©Kathy Klein

Kathy Klein

36. Natuurlijk – *mindful lopen*

Deze oefening doe je buiten. 

Beschrijving
Mindful lopen en materialen verzamelen in de natuur

Tijd
10 minuten tot enkele uren

Materialen
Een emmer en een mand of tas om spullen in te verzamelen

o   Neem je tas, mand of emmer mee. Je gaat materialen verzamelen voor de oefening hierna. Daarin ga je een mandala maken met natuurlijke materialen zoals takjes, zaden, dennen-appels, bladeren, veren, botjes, kastanjes, zand … Zorg in deze opdracht (en altijd) goed voor de natuur, en kies alleen wat al losligt.

o   Ga naar buiten. Voel welk weer het is en bedenk of je de juiste kleding aanhebt. Als het nodig is dan pak je nog een (regen)jas.

o   Ga lopen. Je mag langzaamaan doen, er is geen haast. Laat je blik ongeveer een meter of twee meter voor je op de grond rusten. Voel hoe je voetzolen de aarde raken en hoe je voeten afrollen. Van hiel naar teen, hiel naar teen.

o   Elke keer als je merkt dat je aandacht is afgedwaald, breng je die vriendelijk terug naar het lopen: linkervoet, rechtervoet. Zo neem je de tijd om een poosje rond te lopen met je aan-dacht bij je voeten. Wat voel je nu?

o   Als je een tijdje gelopen hebt, dan mag je je aandacht terwijl je rustig doorloopt richten op het kijken. Wat zie je voor je op de grond? Als je iets ziet wat je misschien kunt gebruiken voor je mandala dan neem je de tijd om het te verzamelen.

o   Daarna loop je weer met aandacht verder, en zo kies je steeds een nieuwe verzamelplek. Kies je materialen met zorg en doe ze in je mand, tas of emmer.

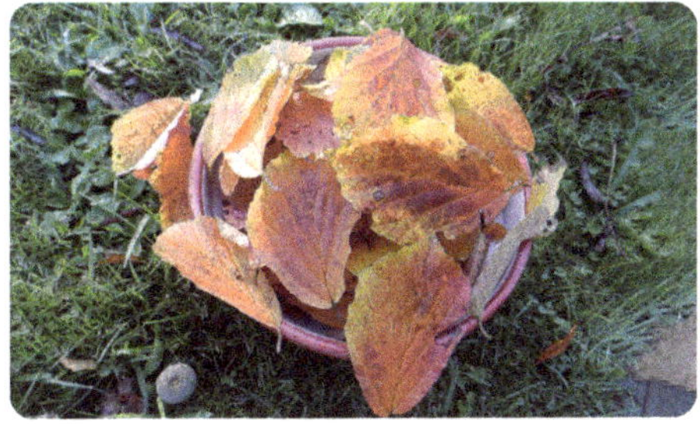

TIP Als je dit met een klas wilt doen, dan kun je er ook voor kiezen om dit onderdeel om de beurt of in kleine groepjes te laten doen.

Deze oefening doe je bij voorkeur buiten. 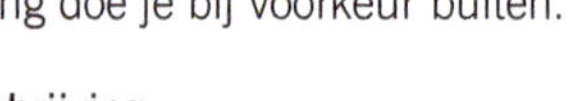

Beschrijving
De materialen uit de vorige oefeningen sorteren en selecteren en eventueel een ontwerp maken voor de mandala

Tijd
15 tot 30 minuten

Materialen
Alle materialen uit de vorige oefening, papier, potlood en eventueel bakjes of potjes

o   Haal je spullen tevoorschijn. Wat zie je allemaal?

o   Kun je een sortering hiervan maken? Misschien op volgorde van kleur? Van licht naar donker? Klein naar groot? Of alles waar je meer van hebt in een bakje doen? Maak stapeltjes en rijtjes op je eigen manier.

o   Neem ook de tijd om iets schoon te maken als dat nodig is (zoals steentjes).

o   Als je klaar bent, neem dan nog even de tijd om goed te bekijken wat je allemaal kunt gebruiken voor de mandala.

o   Maak als je dat wilt een opzetje voor een ontwerp. Maak cirkels en teken of schrijf op wat je in het midden legt, wat de eerste cirkel wordt, en zo door. Of kies je eigen vorm om een ontwerp te maken.

Mandala मण्डल
Op deze manier schrijf je in het Sanskriet 'mandala'. Letterlijk betekent mandala 'cirkel'. De eerste mandala's dateren van de negende eeuw en zijn gevonden in China en Japan. Het oorspronkelijke doel van het maken van mandala's is meditatie. Via het maken van een mandala concentreer je je op een motief dat verband houdt met dat wat je wilt leren.

38. Natuurmandala – *mandala maken*

Deze oefening doe je bij voorkeur buiten, als je veel met bladeren of lichte materialen doet, op een dag met weinig wind.

Beschrijving
Een mandala maken van de materialen uit de vorige oefening

Tijd
15 minuten tot enkele uren

Materialen
Alles van de vorige twee oefeningen

o   Zoek een plek waar je een mandala kunt maken, zoals een plein, terras, op het gras of op het zand. Maak die plek schoon en leeg.

o   Haal je gevonden spullen tevoorschijn en bekijk nog een keer wat er is. Leg als je een ontwerp gemaakt hebt dit erbij.

o   Kies nu iets wat je in het midden wilt leggen. Daaromheen maak je een cirkel van ander materiaal. De eerste cirkel is klein, dus je kunt iets kiezen waar je niet zoveel van hebt.

o   En zo weer een volgende cirkel. En een volgende. Bouw je mandala steeds verder uit.

o   Als je iets wilt veranderen dan doe je dat. En als je nog meer materiaal nodig hebt, dan zoek je dat.

o   Als je mandala klaar is, neem dan de tijd om nog even te zitten en te observeren. Wat zie je? Wat voel je nu?

TIP Als alternatief kun je een mandala maken met fruit, en dan aansluitend natuurlijk met aandacht opeten.

"Mijn fruit lijkt wel een taart op deze manier!"

Joëlle – klas 4 voortgezet onderwijs

39. Dichtmandala – *schrijven*

Beschrijving
Een gedicht maken en daarin beschrijven wat je ziet in de mandala van de vorige oefening

Tijd
15 minuten tot enkele uren

Materialen
De mandala van de vorige oefening, papier, materialen om mee te schrijven en eventueel een passer

Vormgedicht
Een vormgedicht bestaat uit geschreven woorden die samen een bepaalde vorm maken. De woorden worden vaak herhaald en zijn beschrijvend zoals in het voorbeeld van de boom.
In deze oefening is de vorm de mandala.

o Leg je papier voor je neer en bekijk je mandala nog eens goed.

o Zoek het midden van je papier en schrijf op die plek wat in het midden van jouw mandala ligt. Als het dus een steen is dan schrijf je het woord 'steen'. Herhaal het woord en schrijf dat in de vorm van jouw middelste voorwerp. Je kunt woorden 'steen' in de vorm van de omtrek schrijven of de hele vorm volschrijven met woorden. Je kunt er ook voor kiezen om meer in detail te beschrijven zoals 'hoogste punt steen, buitenkant steen, donker gedeelte in steen, stip'. Zorg dat de woorden samen duidelijk laten zien wat jouw middelste voorwerp is.

o Bekijk nu wat er in de cirkel rond het middelste voorwerp ligt. Tel hoeveel het er zijn en doe hetzelfde. Schrijf net zoveel keren een vorm van het voorwerp vol met woorden. Als het bijvoorbeeld takjes zijn dan herhaal je het woord 'takje' in de vorm van de takjes. Gebruik eventueel een passer om houvast te hebben bij de cirkel. Je kunt variëren in kleuren en in materialen om mee te schrijven.

o Zo ga je door totdat je de hele mandala hebt beschreven, of zolang je zelf wilt doorgaan.

o Neem de tijd om je geschreven mandala te bekijken.

Kokei Mikuni: After the Rain

Kokei Mikuni (Japan) is een landartkunstenaar. Hij werkt buiten met keien die hij stapelt. Hij gebruikt geen lijm en maakt zijn dynamische 'Rock Portraits' in de natuur: bij de zee, in rivieren en tussen de bergen. Juist de kwetsbaarheid en het tijdelijke van zijn werk spreken hem aan. Tegelijk blijft het resultaat behouden door de foto's. Zo kunnen we er allemaal van meegenieten.

Kokei Mikuni: *After the Rain*, 2016. Foto: ©Kokei Mikuni

*'Nature is the best playground
and the best playmate.'*

Kokei Mikuni

40. Steengoed – *observeren en voelen*

Voor het zoeken van de steen ga je naar buiten, daarna kun je de oefeningen zowel binnen als buiten doen.

Beschrijving
Een steen zoeken en die observeren

Tijd
2 tot 20 minuten

Materialen
Een steen die je zelf zoekt en eventueel een middel om de tijd aan te geven zoals een zandloper of een muziekje dat zolang duurt als jij de oefening wilt doen

o Zoek een steen en maak de steen eventueel schoon. Leg de steen op een klein afstandje voor je. Als je wilt, dan zet je nu je muziek aan of draai je de zandloper om.

o Observeer de steen. Wat zie je? Welke kleuren zie je? Welke vormen? Zijn er lijnen te zien? Vallen er schaduwen op de steen?

o Als je wilt, dan draai je de steen na een tijdje en doe je hetzelfde met een andere kant van de steen. Welke verschillen zie je?

o Blijf een tijdje zo kijken. Als je gedachten afdwalen, dan kun je dat opmerken en je aandacht vriendelijk terugbrengen naar de steen. Wat zie je nu?

Extra: Als je steen een naam had, welke naam zou dat dan zijn?

Meditatie en stenen

Sommige mensen gebruiken een steen om mee te mediteren. Je kunt een steen in je handen houden, op je lichaam leggen of in je buurt hebben.

In veel culturen schrijven ze krachten toe aan stenen, stenen zijn immers jaren en zelfs soms eeuwen oud en bestaan uit meerdere elementen. Als je verschillende soorten stenen hebt, dan zou je ze eens op een rij kunnen leggen, je hand er vlak boven houden en voelen. Wat merk je? Is dat anders bij een andere steen?

Hier een aantal steensoorten die vaak worden gebruikt in meditaties:

Amethist is een paars kristal met zes vlakken op de punt en wordt gevonden in verschillende landen. Veel amethist komt uit Brazilië. Amethist wordt gebruikt voor ontspanning, tegen hoofdpijn en slapeloosheid.

Seleniet is een gipskristal en bestaat in verschillende vormen en kleuren zoals wit, oranje of beige. Het is een zachte steen die snel krasjes krijgt en niet tegen water kan. Veel seleniet komt uit Marokko. Als de steen geslepen is, dan heeft hij een mooie glans. Seleniet wordt ook engelensteen genoemd en wordt gebruikt om balans te brengen.

Septari komt onder andere uit Madagaskar. Het is een combinatiesteen van calciet en aarde, en wordt gebruikt om evenwicht te herstellen of te behouden, vooral tussen denken en voelen.

Bergkristal is een helder kristal dat wordt gevonden in veel landen, bijvoorbeeld in India. Bergkristal wordt gebruikt voor het krijgen van nieuwe energie, zuiverheid en helder denken.

41. Steenkoud of snikheet – *voelen*

Beschrijving
Een steen vasthouden, voelen hoe de vorm en wat de temperatuur is

Tijd
3 tot 10 minuten

Materialen
Een steen (die je eventueel eerst zelf buiten zoekt)

> **"De kinderen hadden elk een eigen steen en door de oefening begon het ook steeds meer hun eigen steen te worden. De verbintenis die ze maakten was heel sterk. Een aantal kinderen wilde de stenen gaan versieren."**
>
> Leerkracht bovenbouw

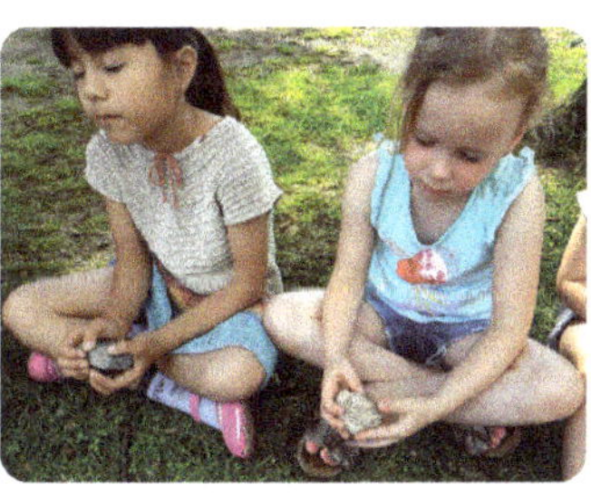

- Ga zitten of liggen en maak het jezelf gemakkelijk. Als je wilt dan kun je je ogen sluiten. Als je liever kijkt, dan kies je een plek voor je op de grond of op het plafond of in de lucht als je ligt.
- Houd je steen in je handen. Als je ligt, dan leg je je steen op je buik of zonnevlecht, en leg je je handen er overheen.
- Blijf een tijdje zo zitten of liggen. Wat voel je? Ook als je niets bijzonders voelt, dan is dat oké. Merk het maar op.
- Voel nu met je vingers de steen nauwkeurig. Welke vormen zijn er? Blijf zo een tijd zitten of liggen met je handen om je steen gevouwen.
- Wat voel je nu?

Zonnevlecht of Plexus Solaris

De zonnevlecht ligt boven in je buikholte tussen de alvleesklier en grote lichaamsslagader. Het woord 'plexus' betekent letterlijk 'vlecht' en de plexus solaris is een vlechtwerk van zenuwen die als het ware als zonnestralen in je buikholte lopen. De zonnevlecht wordt ook wel cerebrum abdominale genoemd wat je kunt vertalen als 'buikhersenen'. We hebben dan wel geen hersenen in onze buik, maar gevoelens verwerk je niet alleen met je hersenen; die kunnen ook voelbaar zijn in je buik en in andere delen van je lichaam.

Voor het zoeken van de stenen ga je naar buiten; daarna kun je de oefeningen zowel binnen als buiten doen. 

Beschrijving
Stenen verzamelen en daar een toren van bouwen

Tijd
10 minuten tot enkele uren

Materialen
Keien en stenen die je zelf buiten zoekt

"Leuk om te zien dat de kinderen nu ook gaan bouwen tijdens
de speelmomenten in ons speelpark en dat ze aan andere kinderen
uitleggen hoe het moet en wat je ervan leert … zo mooi!"

Renate – leerkracht groep 1/2

o   Zoek buiten naar keien en stenen. (Dit kan ook op een eerder moment.)
o   Zoek een plek om te werken. Op een andere grote steen, een stukje gras, een kaal stuk grond, op de stoep, … Kies maar.
o   Dan mag je je stenen gaan stapelen. Probeer verschillende mogelijkheden uit.
o   Valt je stapel? Merk wat dat met je doet en blijf vriendelijk voor jezelf. Je kunt altijd opnieuw beginnen.
o   Als de stapel staat, neem de tijd om te observeren. Hoe ziet het eruit vanaf een andere kant? Wat valt je op aan de stapel in deze omgeving? Hoe is het licht? De schaduwen? Welke lijnen en vormen vallen op?
o   Misschien wil je meerdere stapels maken en die met elkaar verbinden.

"Als ik goed kijk naar de stenen dan zie ik de kleuren
en ik kan er doorheen kijken, door het poortje, en toen zag ik een vogel."

Sam – 6 jaar

Beschrijving
Enkele stenen in water laten vallen en de rimpeling van het water observeren

Tijd
3 tot 30 minuten

Materialen
Steentjes en een bord, kom of bak met water, een waterplas buiten werkt ook 

o Vul je bak met water of zoek buiten naar een plek met water.
o Bekijk het water. Wat zie je?
o Neem een steentje in je hand en laat die in het water vallen.
o Observeer wat er gebeurt en wacht tot er geen rimpeling meer te zien is.
o Als je er beweging aan toe wilt voegen dan kun je gaan staan als je een steentje gooit, lang-zaam zakken als de rimpeling verdwijnt en gaan zitten als het water weer stil is.

TIP Als je een drinkwaterbak voor vogels neerzet, dan zie je dezelfde rimpeling na elke slok die de vogel neemt.

Inspiratie:

Tashi Norbu: Wheel of Time

Tashi Norbu (Tibet) is opgeleid als traditioneel Tibetaans Thangka-schilder en werkte in de Dharamsala in India bij de 14de Dalai Lama. Daarnaast volbracht hij zijn opleiding aan de kunstacademie in Gent (België). Nu woont hij in Nederland. Zijn Tibetaans-boeddhistische achtergrond verweeft hij in zijn werk met invloeden vanuit de westerse kunst en moderne symboliek.

Tashi Norbu: *Wheel of Time*, 2019
Foto: Tashi Norbu photography ©Tashi Norbu

Thangka

Een Thangka ontstond in de elfde eeuw en werd gebruikt om de boeddhistische filosofie te verspreiden en als hulpmiddel bij meditaties. Een Thangka bestond meestal uit schilderingen op een opgerolde lap katoen. Reizende monniken namen deze mee van dorp tot dorp en gebruikten de beelden om hun 'teachings' of lessen te illustreren.

'De Boeddha-natuur is een staat van zijn waarin je hart gevuld is met compassie en mededogen; je kunt een rust ervaren en kinderlijke onbevangenheid met weinig oordeel. Simpel gezegd: de mooiste kant van jezelf.'

Tashi Norbu

44. Verbinding – *tekenen*

Beschrijving
Samen een mandala maken of als je alleen bent, tegelijkertijd werken aan meerdere mandala's

Tijd
5 minuten tot enkele uren

Materialen
Voor iedereen een rond tekenblad (of als je alleen werkt meerdere papieren voor jezelf), materialen om mee te tekenen, eventueel een passer

o   Zoek het midden van je cirkel. Teken op deze plek een symmetrische vorm.
Als je alleen werkt dan herhaal je deze stap met verschillende cirkels een keer of drie. Als je samen bent dan leg je je papier na deze stap op een verzamelplek. En als daar een papier ligt van iemand anders dan neem je dat weer mee. Is er nog geen papier om mee verder te gaan? Neem dan even de tijd om te zitten en niets te doen.

o   Neem de tijd om te bekijken wat je ziet in het midden van de cirkel: welke kleuren, welke vormen? Maak dan een cirkel rond het midden met een zich herhalend symmetrisch patroon. Je kunt bijvoorbeeld denken aan een cirkel met stipjes, driehoekjes, bloemen of wolkjes. Alles is goed, als het zich maar herhaalt. Ook in je kleuren kun je een patroon maken, zoals twee kleuren laten afwisselen. Als je daarmee klaar bent, dan leg je je papier weer op de verzamelplek en ga je zodra er een papier van iemand is verder met dat papier.

o   Als het niet zo gaat als je wilt, neem dan de tijd om even op te merken wat dat met je doet, en ga verder. Het hoeft niet volmaakt of perfect te zijn.

o   Zo blijf je nieuwe papieren pakken, observeren, het patroon aanvullen en steeds verdergaan met een andere mandala. Net zolang tot een cirkel vol is.

o   Als er geen papieren meer volgen die afgemaakt kunnen worden, neem je de tijd om te zitten. Je kunt je ogen sluiten of de mandala's die ontstaan zijn bekijken.

TIP In plaats van papier kun je ook ander materiaal kiezen met een ronde vorm, zoals een spiegel(tje), ronde steen, een bord of een deksel van een doos. Test in dat geval met welk materiaal je daarop kunt werken; watervaste stiften of pennen bijvoorbeeld.

45. Zitmandala – *bewegen, dans*

Deze oefening doe je met een grotere groep van ten minste acht, vanaf drie is ook mogelijk, maar dan niet in een kring

 **Beschrijving**
In een kring samen met een groep een mandala vormen met je eigen lichaam

 **Tijd**
1 tot 4 minuten

o Vorm met de groep een kring en ga daarbij schouder aan schouder staan. Draai een slag naar rechts zodat je kijkt naar de rug van degene voor je.

o Leg je handen op de schouders van degene voor je.

o Voel je voeten stevig op de grond staan.

o Ga nu op een afgesproken moment, als iemand aftelt of na een signaal, tegelijkertijd langzaam zitten op de schoot van degene achter je.

o Wat voel je nu, nu je zo zit? Zijn er delen van je lichaam die je nog onnodig aanspant?

o Als de cirkel in balans is, dan kun je je armen spreiden.

o Draai je handpalmen naar boven en beweeg tegelijkertijd je armen omhoog tot je handen boven je hoofd elkaar raken.

o Beweeg op dezelfde manier je armen weer naar beneden tot ze horizontaal zijn.

o Dan draai je je handpalm naar beneden en laat je je armen helemaal zakken tot ze naast je lichaam hangen.

o Als de cirkel goed in balans is en dat oké voor iedereen is, kun je nog experimenteren met andere bewegingen. Zoals allemaal tegelijkertijd je rechterschouder en daarmee je bovenlichaam richting de grond bewegen en weer terug.

o Pak de schouders van wie voor je is weer vast.

o Op een afgesproken teken gaat iedereen weer langzaam staan.

o Sluit je ogen nog even.

o Welke fysieke gewaarwordingen kun je nu opmerken? Zijn er gedachten?

o Als je wilt, dan kun je de oefening nog eens herhalen en eventueel een korte bewegingscyclus bedenken die je samen kunt uitvoeren waardoor een kleine choreografie ontstaat.

TIP Dit is eventueel ook geschikt om (met instemming van de deelnemers) aan publiek te presenteren.

Beschrijving
Een persoonlijke 'thangka' maken, een gebeurtenis tekenen in een soort van 'stripverhaal' zonder woorden

Tijd
10 minuten tot meerdere dagen

Materialen
Een papier of lap stof, materialen om mee te tekenen of schilderen

o Neem een gebeurtenis in gedachten waar je iets over wilt vertellen. Dat kan iets zijn wat je de afgelopen week hebt (mee)gemaakt, iets waar je trots op bent of misschien kies je juist iets waar je verdrietig over bent. Als er veel ideeën zijn, dan kies je wat er nu in je opkomt. Heb je geen inspiratie? Dan kies je bijvoorbeeld deze ochtend. Wat deed je nadat je opstond?

o Sluit als je dat prettig vindt je ogen of kijk naar een vast punt. Neem de gebeurtenis nog eens in gedachten. Wat gebeurde er eerst? Hoe ging het verder? Was je alleen of waren er meer mensen? Welke gevoelens had je? Veranderden die? Waren er bepaalde geuren? Hoe zag de omgeving eruit? Wat gebeurde er nog meer? Wat wil je zeker vertellen? Wat is het laatste dat je hierover wilt vertellen?

o Open je ogen en neem je papier voor je. Begin met een deel van de gebeurtenis om te zetten in beelden, als een soort van stripverhaal. Het hoeft niet in chronologische volgorde en een ander hoeft het niet te begrijpen, je doet dit voor jezelf.

o Neem tussendoor regelmatig de tijd om even te pauzeren, te bekijken wat je getekend hebt, nog eens te denken over dat wat je wilt vertellen, of om gewoon even niets te doen.

o Als je wilt, dan kies je als je klaar bent iemand om met behulp van je beelden je verhaal aan te vertellen.

TIP Je kunt ditzelfde ook doen met een bestaand verhaal, zoals een legende, geschiedkundig verhaal, een boek dat je gelezen hebt of een sprookje.

David Zinn: Crazy Hair Day

David Zinn (VS) werkt buiten in de openlucht met krijt. Hij verwerkt elementen van de omgeving in zijn tekening. David maakt gebruik van 'pareidolic anamorphosis', een techniek waarbij je het tweedimensionale kunstwerk alleen vanuit een bepaald punt met een open oog of door een camera bekeken als driedimensionaal ziet. Hij reist de wereld rond om de omgeving om te toveren met tot de verbeelding sprekende creaties. Daarnaast geeft hij workshops.

Crazy Hair Day in Progress ©2020 David Zinn

Anamorphosis

Het woord 'anamorphosis' komt uit het Grieks. *Ana* betekent 'terug' of 'opnieuw' en morphe betekent 'vorm' of 'ontstaan'.

'The magic viewpoint is so specific, you cannot
see it with both eyes at the same time.'

David Zinn

47. Tunnelvisie – *observeren*

Beschrijving
Om je heen kijken door een kokertje

Tijd
2 tot 8 minuten

Materialen
Een opgerold papiertje of een kokertje zoals een buisje of wc-rolletje

o Neem de koker in je hand en adem een paar keer bewust in en uit. Sluit een oog en houdt de koker voor je andere oog.

o Kijk rond. Wat zie je nu? Je kunt als je wilt af en toe iets langer bij een plek blijven en die heel nauwkeurig bekijken. Welke lijnen zie je? Welke kleuren? Schaduwen?

o Als je wilt dan kun je hetzelfde nog eens doen en je koker nu smaller maken. Of langzaam rondlopen en rondkijken door je koker.

o Wissel van oog. Is het met je andere oog anders?

"Eigenlijk kan dit overal even kort worden ingezet.
Hartstikke leuke oefening voor het begin of aan het eind van een les!"

Leerkracht middenbouw

Beschrijving
Een punt door een koker bekijken en natekenen, de tekening met olie behandelen zodat het papier doorzichtig wordt en in een groter beeld verwerken

Tijd
10 minuten tot enkele uren

Materialen
Een opgerold papiertje of een kokertje zoals een buisje of wc-rolletje, kleurpotloden of wasco, niet te dik wit tekenpapier, een schaar, olie (zoals zonnebloemolie), lijm of plakband en eventueel ecoline met een kwast.

o Trek de omtrek van je koker om op het tekenpapier. Maak zo een aantal cirkels.

o Neem de koker in je hand, kijk rond zoals in de vorige oefening en kies een punt. Dit punt observeer je heel nauwkeurig. Teken in een cirkel op het witte papier wat je ziet. Als het niet precies lijkt op wat je ziet, dan is dat niet erg. Je kunt dat gewoon opmerken en verder gaan met tekenen. Je kunt op deze manier nog een paar punten kiezen en tekeningen maken in alle cirkels.

o Als je klaar bent dan kun je eventueel ecoline gebruiken om de tekening in te kleuren of de hele cirkel een bepaalde kleur te geven.

o Als het droog is, dan doe je een dun laagje olie over het papier. De olie maakt het doorzichtig.

o Kijk wat je ziet als je dit voor een lamp of voor het raam houdt.

TIP Je kunt van het witte papier een koker rollen, deze vastnieten en zo een lantaarn maken. Zet er een waxinelichtje of een klein lampje in.

49. Oog voor detail – *loopmeditatie en observeren*

Deze oefening doe je buiten op een plek waar tegels zijn of waar een straat is waar je veilig bent, zoals een schoolplein of stoep.

Beschrijving
Buiten rondlopen en de grond nauwkeurig observeren

Tijd
5 tot 50 minuten

Materialen
Stoepkrijt

o Kies een plek buiten waar een straat is of waar ook tegels zijn.

o Loop met aandacht rond. Vertraag en voel hoe je voeten de ondergrond raken. Kijk steeds naar een punt ongeveer twee meter voor je. Observeer. (Voor een meer gedetailleerde uitleg over een loopmeditatie kun je oefening 21 lezen.)

o Focus je nu op dat wat tussen de tegels groeit, planten, gras, mos, … Als je zo'n plek ziet, dan sta je even stil en neem je de tijd om goed te kijken.

o Dan loop je weer door tot je nog een plek ziet. Welke vormen zie je? Welke kleuren? Lijnen?

Deze oefening doe je buiten. 

Beschrijving
Een graspol tussen tegels zoeken en daar een tekening bij maken

Tijd
5 minuten tot enkele uren

Materialen
Stoepkrijt

o   Kies een plek waar gras of een plantje tussen de tegels of op de straat groeit. Observeer nauwkeurig. Bekijk het van verschillende kanten.
o   Bedenk hoe dit het haar kan zijn van een aardig monstertje, je kunt ter inspiratie een kunstwerk van David Zinn gebruiken.
o   Geef het haar een hoofd en lichaam. Als je wilt dan kun je er (in een spraakballon) een vriendelijke wens bij schrijven voor een toevallige voorbijganger.
o   Zoek eventueel een nieuwe plek en doe het nog eens opnieuw.

"We hebben deze oefening na de loopmeditatie gedaan,
dat combineert heel goed. Je kunt dit overal doen.
Buiten zijn een hoop details te zien en wat kunnen kinderen me
toch verrassen door op een andere wijze naar de dingen te kijken.
Bijzonder om mee te maken."

Leerkracht middenbouw

Ronald van der Kemp: Hand painted silk 'Amsterdam' couture gown

Ronald van der Kemp (Nederland) werkt als couturier alleen met hergebruikte stoffen, omdat hij vindt dat we een andere houding zouden kunnen aannemen in onze consumptiemaatschappij. Hij gelooft dat een kunstvorm tot gedragsveranderingen en tot grotere veranderingen in de industrie kan leiden.

Ronald van der Kemp: Hand painted silk 'Amsterdam' couture gown – ©2019 RVDK Ronald van der Kemp. Foto: Marijke Aerden

Ronald van der Kemp

51. Kledingkast – *geleide meditatie*

Beschrijving
Meditatie waarin je stilstaat bij welke kleding je hebt

Tijd
3 tot 30 minuten

o Ga zitten en neem de tijd om even te voelen hoe je zit. Richt je aandacht een poosje op je adem.

o Verplaats nu je aandacht en ga met je gedachten naar je kledingkast. Welke kleding schiet je het eerst te binnen? Is het de kleding die het liefst draagt? Kleding die een herinnering oproept?

o Breng je aandacht naar je broeken. Zie ze maar voor je. Welke broeken draag je? Welke stoffen? Kleuren? Zijn er broeken die je vooral thuis draagt, of juist op school of op je werk? Heb je ook oude broeken? Of broeken die aan vervanging toe zijn? Broeken die niet lekker zitten of niet goed passen? Of broeken die juist prettig zijn?

o Sta zo stil bij de verschillende kledingstukken die je hebt. Jassen … Truien … Shirts … Ondergoed … Sokken … Zwemkleding … Feestelijke kleding … Kleding voor speciale momenten …

o Kies nu een kledingstuk waar je wat langer bij stil gaat staan. Als je meerdere stukken kleding in je hoofd hebt dan maak je een keuze. Misschien weet je nog waar of wanneer je het gekocht hebt? Was je alleen? Of met iemand anders? Of heb je het gekregen?

o Herinner je je nog dat je dit voor het eerst droeg? Misschien heb je een bepaald gevoel bij deze kleding? Zoals dat het lekker zit en comfortabel is, of zacht is, je je er zelfverzekerd in voelt, of de kleur je blij maakt. Of misschien is er geen gevoel. Dan kun je dat ook opmerken. Er is geen goed of fout.

o Weet je van welk materiaal deze kleding gemaakt is? Katoen? Wol? Viscose? Polyester? Nylon? Is de structuur grof, heel fijntjes of iets er tussenin? Welke kleuren heeft het? Zijn er knopen of ritsen? Of is er andere versiering of een print?

o Misschien is je kleding eerst van iemand anders geweest? Weet je van wie? Weet je waar dit kledingstuk gemaakt is? En door wie? Als het in een winkel gekocht is dan weet je het meestal niet. Bedenk dat voor jouw kleding stof nodig was. En die stof is verbouwd op een akker als het een stof is zoals katoen of linnen. In dat geval heeft een boer hard gewerkt om dat zo goed mogelijk te doen. Of misschien is je kleding van materiaal zoals polyester en nylon. De belangrijkste grondstof daarvoor is olie, en dat is ook door mensen uit de aarde gehaald.
Toen is de stof geweven, de machine is door iemand bediend die de juiste draden en kleuren heeft gekozen voor deze stof.
Ook is jouw kleding ergens door iemand ontworpen. Iemand heeft de stof geknipt en in elkaar genaaid. Toen het klaar was, is het door iemand ingepakt. Misschien heeft weer iemand anders het vervoerd. Als je kleding in een ander land is gemaakt dan is het misschien met

de boot, een vrachtauto of het vliegtuig naar ons land gekomen. En daar weer uitgeladen en naar de winkel vervoerd.

De mensen in de winkel hebben het uitgepakt, geprijsd en een plek in de winkel gegeven. Misschien ben je geholpen toen je het gepast hebt. En het is betaald bij de kassa waar je het bij iemand hebt afgerekend. Toen bracht je het mee naar huis. En zo heeft jouw kleding misschien al een hele geschiedenis.

o Ga met je aandacht terug naar al je kleding. En sta er even bij stil dat heel veel mensen betrokken zijn geweest bij het maken van jouw kleding. Welk gevoel geeft je dat? Misschien voel je dankbaarheid, of verbazing, geluk, of niets bijzonders. Wat het ook is, merk het maar op.

"Gedurende de inleiding was er sprake van onwennigheid.
Dit leidde tot (een beetje) lacherigheid en een bijna onbedwingbare
neiging uit te spreken wat zij voor zich zagen."

Leerkracht groep 2

TIP Begin eventueel eerst met een gesprek over dit thema en doe aansluitend de meditatie.

"De oefening was gelijk best wel leuk om te doen. We moesten ergens
gaan liggen en ons inleven in onze kledingkast. Ik nam gelijk een nette
kledingkast voor me, want mijn moeder had hem opgeruimd."

Babs – 12 jaar

52. Kleding mindmap – *tekenen, knippen, plakken en eventueel schrijven*

Beschrijving
In kaart brengen welke kleding je hebt en daarvan een mindmap maken

Tijd
10 minuten tot enkele dagen

Materialen
Tekenmateriaal, een groot papier en eventueel afbeeldingen van kleding, een schaar en lijm

Mindmap

Tony Buzan is de bedenker van de mindmap en legt het zo uit: 'Een mindmap is een visueel diagram dat gebruikt wordt om informatie vast te leggen en te organiseren op een manier die past bij hoe onze hersenen van nature werken.'

Het onderwerp staat in het midden van een groot papier. Je kunt het opschrijven, tekenen of een afbeelding opplakken.

Om dit onderwerp heen schrijf en/of teken je subthema's. Teken naar elk subthema een lijn of een soort van tak.

Kleinere subthema's of minder belangrijke onderwerpen teken je als een soort van twijgjes aan de takken waar ze het best bij passen.

o   Maak een lijstje van de kleding die je hebt. Je kunt bijvoorbeeld een indeling maken in soorten: broeken, jurken, jassen, sportkleding, werkkleding, mutsen, handschoenen, sokken, … Schrijf de aantallen erbij of kruisjes of een korte beschrijving. Zoals Broeken: drie spijkerbroeken, twee joggingbroeken, … Of 1 blauwe broek, 1 zachte broek, …
o   Misschien zijn er lijstjes die je nog weer kunt onderverdelen. Bijvoorbeeld in zomer- en winterkleding of kleding waar je blij mee bent en kleding die je niet graag draagt of kleding die goed zit of kleding die je niet goed zit.
o   Begin nu met het maken van je mindmap. Maak tekeningen of foto's en breng zo in beeld welke kleding je hebt.
o   Je kunt er ook gevoelens aan toevoegen of iets anders wat in je opkomt zoals herinneringen.

TIP Misschien is het mogelijk om naar aanleiding van de mind-map een nieuwe bestemming te kiezen voor kleding die je niet veel draagt. Kun je een kledingruilmoment organiseren of je kleding weggeven aan iemand of naar een kledingverzamelpunt of winkel brengen waardoor je kledingstuk naar een nieuwe eigenaar gaat? Of kun je de kleding (laten) vermaken zodat het beter past of meer naar je zin is? In bijna elk dorp of elke stad zijn tegenwoordig zogenoemde 'repair cafés' waar je terechtkunt.

53. Raakvlakken – *observeren en tekenen*

Beschrijving
Kledingstukken die elkaar raken, observeren en een detailtekening daarvan maken

Tijd
5 minuten tot een uur

Materialen
Tekenmateriaal, papier

o   Ga zitten en neem de tijd om even te voelen hoe je zit. Waar raakt je lichaam de stoel? Hoe voelt de stoel? Hoe raken je voeten de grond? Voel je de grond onder je schoenen of voeten?
o   Bekijk nu je hier zo zit je eigen kleding. Welke patronen zie je? Structuren? Naden? Plooien? Zie je knopen of ritsen?
o   Richt je aandacht nu op een plek waar je kleding andere kleding raakt, zoals je shirt op je broek of je sokken en je broek. Als je meerdere plekken ziet, maak daaruit dan een keuze. Bekijk deze plek in detail. Welke stofsoorten zie je? Hoe lopen de lijnen? Welke kleuren zie je? Zie je binnen een kleur ook kleurverschillen? Schaduwen?
o   Teken een denkbeeldig vierkantje op die plek en teken dat vierkantje nu ook op je papier. Teken wat je ziet. Begin maar.
o   Als je merkt dat het er anders uitziet dan je had bedacht, dan kun je dat observeren en mag je je oordeel weer loslaten. Ga door met tekenen, het hoeft niet mooi te worden, en misschien ben je er wel tevreden over en vind je het toch mooi. Beide is goed.
o   Neem de tijd om je vierkant te vullen.

Beschrijving
Kledingstuk ontwerpen voor iemand of voor jezelf

Tijd
10 minuten tot enkele uren

Materialen
Tekenmateriaal, papier, restjes stof of papier

o   Ga zitten en neem iemand in gedachten voor wie je een kledingstuk kunt ontwerpen. Je mag ook jezelf kiezen. Het kan iemand zijn die je kent of misschien een bekend persoon die je niet persoonlijk kent.

o   Neem even de tijd om te bedenken wat voor die persoon een passend kledingstuk kan zijn. Je kunt als je wilt je ogen sluiten. Is het kleding voor een bepaalde gelegenheid? Welke kleuren denk je dat passend zijn? Wat maakt kleding echt passend voor degene die jij gekozen hebt?

o   Is er materiaal dat je opnieuw kunt gebruiken? Zoals oude kledingstukken of oude stukken stof?

o   Als je wilt dan knip je een foto uit van degene voor wie je ontwerpt. Plak die op het papier en maak het ontwerp rond deze foto.

o   Begin met je ontwerp(en) uit te werken. Je kunt verschillende technieken gebruiken: tekenen, schilderen, plakken, …

o   Neem regelmatig de tijd om even afstand te nemen, te observeren en de draad weer op te pakken.

o   Als je wilt dan kun je het ontwerp uitwerken of aan degene geven voor wie je het bedacht hebt.

Jan Rothuizen: De zachte atlas van Amsterdam

Jan Rothuizen (Nederland) wandelt door steden. Hij noteert wat hij ziet, denkt en voelt. In zijn werk legt hij vast wat hem opvalt tijdens de wandelingen en hij combineert dat in tekeningen met korte, informatieve teksten.

Voorkant van de Engelse versie van *De zachte atlas van Amsterdam*, 2010.

Jan Rothuizen

55. Met andere ogen – *wandelen en beschrijven*

Deze oefening doe je buiten.

Het kan in tweetallen, met een groepje of alleen.

Beschrijving
Een wandeling maken en beschrijven wat je ziet, hoort en ervaart

Tijd
15 minuten tot enkele uren

Materialen
Eventueel een apparaat waarmee je je stem op kunt nemen of een notitieblokje met een pen of potlood

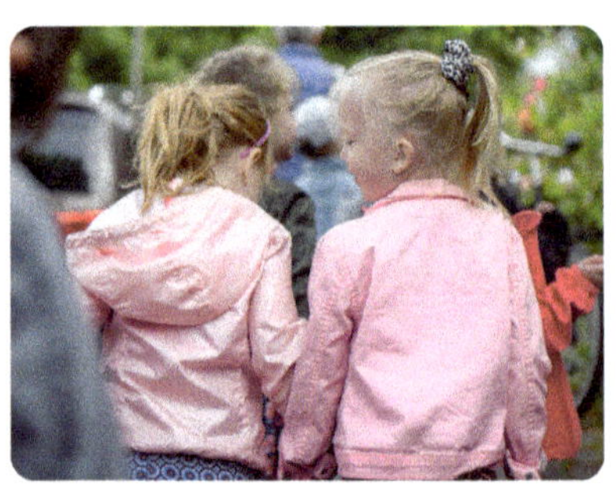

o   Je gaat een wandeling maken en ondertussen vertellen wat je ziet, hoort en ervaart. Je kunt precies beschrijven wat je *nu* ziet, doet of ervaart: *Ik doe de deur open en loop naar buiten. Ik voel de frisse wind. Het voelt gek om hardop te praten. Ik kijk of niemand me hoort en zie niemand. Nu ga ik lopen. Voor me zie ik een gebouw. Het is gemaakt van rode bakstenen. Ik loop langs het gebouw. Ik zie een vogel …*

o   Als je met z'n tweeën of een groepje bent, dan vertel je het verhaal aan de ander, de ander volgt jou en luistert. Als je alleen bent, dan kun je de beschrijving opnemen of aantekeningen maken. Aantekeningen kunnen woorden zijn of kleine symbolen of tekeningetjes. Als je met meer bent, dan kun je op een gegeven moment de rollen omdraaien; iemand anders loopt voorop en vertelt.

o   Aan het eind van de wandeling kun je als je samen was met elkaar delen of je door de beschrijving van de ander nieuwe dingen hebt opgemerkt. Als je alleen was, dan kun je nog even stilstaan bij de wandeling, je beschrijving beluisteren of je aantekeningen bekijken.

"Dit is een oefening waarin je je heel bewust wordt van je zintuigen."

Annemarie – 48 jaar

TIP   Als je niet hardop wilt praten dan kun je het verhaal ook 'in je hoofd' vertellen, zonder het uit te spreken, en het alleen bedenken en in je eigen hoofd jezelf horen.
Als je dit begeleidt met jonge kinderen, als de taal nog nieuw is of als iemand het lastig vindt om te beschrijven, dan kun je beginzinnen aangeven over gevoelens, richting en ervaringen: Ik zie … ik voel … ik ga nu naar … ik ruik … nu zie ik … de kleur is … de vorm is … het klinkt als … in mijn voeten voel ik … het weer is … naast me zie ik … als ik op de grond kijk dan … in de lucht zie ik …

"Het was bijzonder voor de kinderen dat ze gedurende de schooldag op pad mochten. Ze stonden zeer open voor de omgeving en kwamen met uiteenlopende observaties, die er ook weer toe leidden dat ze anders naar hun omgeving keken."

Leerkracht middenbouw

56. In kaart brengen – *tekenen en beschrijven wat je gezien hebt*

Beschrijving
De wandeling uit de vorige oefening in een beeld en/of woorden vatten

Tijd
10 minuten tot meerdere dagen

Materialen
Een papier en teken-, schilder- en schrijfmaterialen

"Ik word er wel rustig van in mijn hoofd."

Caelum – 9 jaar

o   Denk terug aan de wandeling. Neem daar even de tijd voor. Als je wilt dan sluit je je ogen.

o   Teken nu op het papier met lijnen de route zoals je die ongeveer gelopen hebt. Als je wilt dan kun je langs de route tekeningen maken van wat je is opgevallen. Of er woorden aan geven. Niemand hoeft je tekening te begrijpen, het is voor jezelf.

o   Gevoelens kun je ook beschrijven met woorden, of misschien kun je ze koppelen aan een kleur of wil je het tekenen. Er is geen goed of fout, je kunt altijd op een andere plek verdergaan. Het hoeft niet mooi te worden. Je maakt dit om weer terug te denken aan de wandeling. Teken en schrijf zoveel of zo weinig als je zelf wilt.

o   Als je wilt dan kun je wat je gemaakt hebt laten zien aan iemand anders en misschien de wandeling en wat je ervan hebt onthouden nog eens beschrijven.

"Doordat de kinderen met eigen ogen en die van een ander keken,
werd in wezen ook hun eigen bewustzijn verruimd.
Dit kwam tijdens het uitvoeren van de tekenopdracht duidelijk naar voren."

Leerkracht groep 2

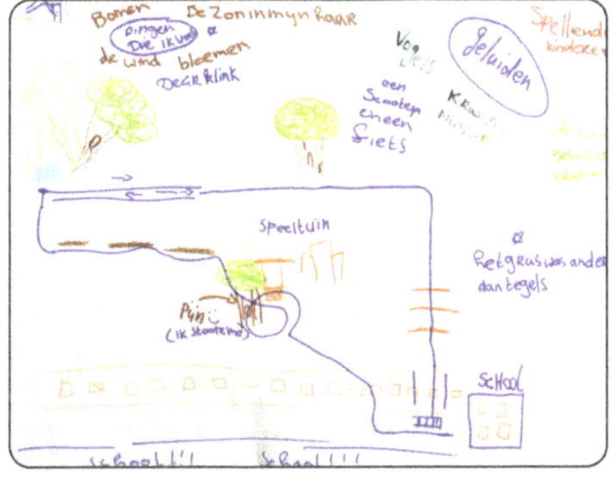

Lori Portka: Travel the World

Lori Portka (VS) besloot op een dag om haar leven om te gooien. Ze nam de tijd om na te denken over wat voor haar nou echt belangrijk was en vulde haar dagen met tekenen en schilderen. Ze maakte voor honderd mensen in haar omgeving een schilderij om haar dankbaarheid te tonen: voor haar familie, vrienden, en ook voor mensen die iets verder weg stonden en toch belangrijk voor haar zijn, zoals de loodgieter en de monteur van haar auto.

Lori Portka: *Travel the World*, 2011. ©Lori Portka

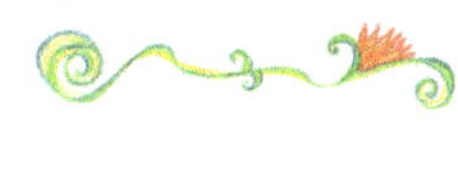

Lori Portka

57. Iemand in het zonnetje zetten – *geleide meditatie*

Beschrijving
Geleide meditatie waarin je bedenkt wie in jouw leven belangrijk voor je zijn en wat jullie verbindt

Tijd
5 tot 25 minuten

o   Zorg dat je lekker zit of ligt. Adem ontspannen in en uit. Sluit als je wilt je ogen of kijk naar een vast punt.

o   Ik nodig je uit om iemand in gedachten te nemen die dicht bij je staat. Neem er even de tijd voor en maak dan een keuze. En als het lastig is te kiezen, dan neem je degene die je het snelst weer gaat zien.

o   Zie hem of haar voor je. Stel je voor dat er precies een zonnestraal op hem of haar schijnt. Misschien schijnt de straal ook op jou en voel je de verbinding. Wat je ook voelt, ook als je niets voelt of als het lastig is om iets voor je te zien, dan mag je dat accepteren zoals het is. Er is geen goed of fout en je kunt het altijd nog eens proberen.

o   Stel je dan iemand anders voor die belangrijk voor je is en doe hetzelfde opnieuw. Zie hoe de zon gaat schijnen, precies op hem of haar. Wat zie je nu? Wat voel je? Zie zo een aantal belangrijke mensen in je leven voor je, verbind en verplaats je aandacht weer.

o   Neem nu mensen in gedachten die misschien iets verder van je af staan, en toch op een bepaalde manier belangrijk voor je zijn: de bakker, leerkracht, buschauffeur, favoriete zanger, iemand die je soms tegenkomt en die je groet, kassière in de supermarkt, schoonmaker, oppas. Als je niemand kunt kiezen dan neem je de eerste persoon in gedachten die nu bij je opkomt. En laat de zon weer schijnen.

o   Ga zo een tijdje door als je dat prettig vindt. Je kunt je dagen voor je zien en bedenken wie er zoal voorbijkomen in je leven. Neem als dat goed voor je voelt, je warme zonnestraal daarin steeds mee.

Beschrijving
Een zon maken voor iemand die dicht bij je staat en daar eventueel woorden aan toevoegen

Tijd
5 minuten tot meerdere dagen

Materialen
Een foto van iemand die dicht bij je staat of van meerdere personen (een naam schrijven kan ook), papier of karton, paneel of doek, lijm en teken- en schildermateriaal

o   Begin met het maken van een zon met zonnestralen.

o   Denk aan degene die jij in het zonnetje gaat zetten. Bedenk welke kleuren bij die persoon passen en maak een achtergrond rond de zon. Dat kan alles zijn: mooie kleuren of een realistische achtergrond die bij hem of haar past, zoals een landschap. Je kunt kleine stukjes papier scheuren en dat bij elkaar plakken, schilderen, tekenen. Alles is goed. Je kunt er ook voor kiezen om de achtergrond op een ander papier te maken, je zon uit te knippen en die daarop plakken.

o   Knip de foto uit en plak degene die je gekozen hebt in de zon. Als je geen foto hebt, dan schrijf je de naam op; dat kun je op een cirkel doen die je dan opplakt.

o   Als je wilt dan schrijf je er woorden die een beschrijving geven of wensen voor de ander bij. Wat betekent hij of zij voor jou? Wat verbindt jullie? Waar ben je dankbaar voor? Wat wens je hem of haar toe? Je kunt dit ook op een losse brief of kaart, of op de achterkant van je werk doen.

o   Doe hetzelfde voor meerdere personen, zo vaak je wilt.

Je kunt een kleine expositie maken voor deze mensen of voor een persoon. Hang een laken over je kunstwerk en laat het onthullen door degene met wie je je verbonden voelt. Of pak het in en geef het cadeau. Je kunt dit ook doen voor iemand die is overleden, dan kun je je werk als het klaar is naar een graf of andere gedenkplaats brengen of een mooie plek geven.

"Waanzinnig wat voor mooie zonnetjes er gemaakt werden!"

Leraar voortgezet onderwijs

De kunstenaar: Jijzelf

OPDRACHT:

KIJK in een spiegel en
ZIE een kunstenaar.
Wat VOEL je nu?

Doe dit met een groep van vijf tot tien mensen, er moet een doorgeefmoment zijn.
Het doen van de oefening is verder individueel.

Beschrijving
Een thema kiezen, een groep daar een pagina over laten vullen en je eigen boek tot slot weer in
ontvangst nemen

Tijd
Dit is een langer project van meerdere dagen

Materialen
Een strook dik papier van bijvoorbeeld 10 centimeter hoog en 50 centimeter lang, elke tien centimeter
een vouwlijn die afwisselend naar voren en naar achteren gevouwen wordt, tekenmaterialen, lijm en andere
materialen die je vast kunt lijmen

o   Ga zitten en neem de tijd om even te voelen hoe je zit. Als je wilt dan kun je je ogen sluiten.
    Als je dat niet wilt, dan kies je een punt op de grond of op de horizon om naar te kijken.
o   Ga met je gedachten naar thema's die voor jou belangrijk, inspirerend of interessant zijn.
    Denk aan hobby's, muziek, eten, tv-programma's, muziek, sport. Sta bij verschillende
    thema's even een tijdje stil.
o   Maak dan een keuze voor een van de thema's. Open je ogen weer als je ze gesloten had.
o   Neem een potlood, pen, stift of kwast met verf en schrijf het thema op de voorste flap van
    je vouwboekje. Kies je eigen letters en indeling. Schrijf ook ergens je naam. Je kunt er als
    je wilt een illustratie bij plakken of tekenen.

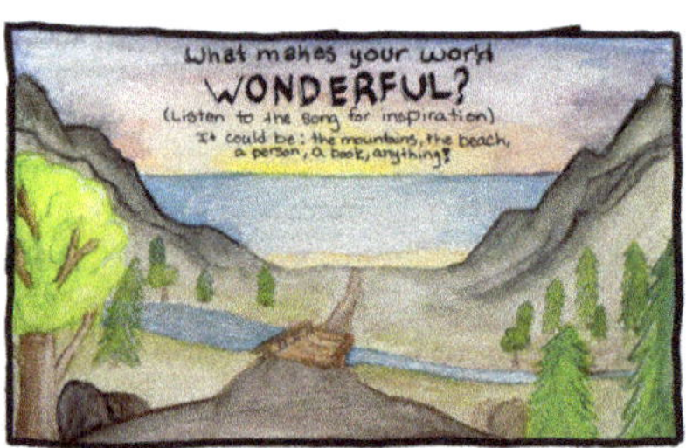

o   Geef je boekje nu aan iemand anders. Hij of zij vult de volgende pagina in jouw boekje voor
    jou. Het thema staat op de voorkant en hoe iedereen dat invult, is helemaal vrij. Jij krijgt
    het boekje van iemand anders.
o   Als je klaar bent, dan geef je het boekje door aan de volgende. Je krijgt zelf ook weer een
    nieuw boekje. Zo ga je door totdat er vijf illustraties zijn gemaakt of als je de achterkant ook
    gebruikt tien.
o   Tot slot krijgt iedereen zijn eigen boekje terug.
o   Stel als je wilt vragen aan elkaar, geef (positieve) feedback en in elk geval: bedank de ander
    voor zijn of haar bijdrage.

 Zorg ervoor dat er een aantal lijnen een heel klein stukje doorlopen naar de volgende flap van je papier (of de achterkant). Dat is de start van het werk van degene die na jou dat deel van het papier vult. Zo worden alle kunstwerken nog meer met elkaar verbonden.

"Eigenlijk is dit een van de meest dierbare cadeautjes die ik ooit gekregen heb."

Leraar voortgezet onderwijs

60. Van mij voor mij – *tekenen, knippen, plakken, schilderen, schrijven, …*
Laatste en afsluitende oefening van dit boek.

Beschrijving
Een kaart maken voor jezelf en er een wens op schrijven voor jezelf; de kaart enkele maanden later laten verzenden aan jezelf

Tijd
10 minuten tot enkele uren

Materialen
Een stuk karton, teken- en/of schildermaterialen en een envelop met postzegel

o   Ga zitten of liggen en maak het jezelf gemakkelijk. Breng je aandacht naar je ademhaling. Merk hoe je adem je lichaam zachtjes heen en weer laat bewegen. Als je wilt dan kun je je ogen sluiten. Als je dat niet wilt dan kies je een vast punt om naar te kijken.

o   Ga met je gedachten naar de opdrachten in dit boek die je gedaan hebt. Laat ze de revue passeren zoals in een film. Zie even voor je wat je gedaan hebt of wat het met je deed, en laat het weer los om naar een ander onderdeel te gaan.

o   Welke onderdelen zijn je het meest bijgebleven? Welk gevoel brengt dat met zich mee? Ook als er geen speciaal gevoel is dan is dat prima. Neem een momentje de tijd om stil te staan bij wat het doen van de oefeningen je misschien gebracht heeft.

o   Bedenk nu wat je misschien wilt blijven onthouden, of een wens of behoefte die hier misschien uit voortkomt. Kun je dit in een beeld vatten of in een tekst?

o   Open je ogen en maak voor jezelf een kaart. Op de voorkant een beeld en op de achterkant kun je als je wilt iets voor jezelf schrijven. Stop hem in een envelop, schrijf je eigen naam en adres op de voorkant en plak er een postzegel op.

o   Geef de envelop aan iemand die je kunt vragen om het over een maand of drie te verzenden. Als je het niet aan iemand wilt vragen dan kun je de envelop op een plek opbergen en in je agenda of telefoon zetten dat je over drie maanden die envelop mag posten en daarna in ontvangst kunt gaan nemen.

 In een groep kun je de enveloppen aan elkaar geven of de leerkracht of groepsleiding kan de taak van verzenden op zich nemen.

7. Dank

Heel veel mensen ben ik dank verschuldigd; zonder al jullie bijdragen had dit boek niet kunnen worden wat het is. Een deel van de 'hulptroepen' wil ik graag persoonlijk noemen:

Liefjes
Ik wil beginnen met het bedanken van mijn gezin: Jeroen, Coen en Anna, ik ben blij met jullie vertrouwen in mij en dat jullie mét mij geloven dat het schrijven van boeken de tijd en energie waard is. Mijn nichtje Loona wil ik bedanken voor het uitproberen van oefeningen tijdens de logeerfeestjes. Dat bracht me op veel ideeën. Zusjelief Marieke ben ik heel dankbaar voor haar scherpe journalistenoog, zij las als eerste het manuscript en hielp het te verbeteren. Ook onze poezen Luca, Coco en Gaya ben ik dankbaar omdat ze een inspiratiebron waren (de rust!!) en omdat er altijd wel een van hen in de buurt was om me gezelschap te houden.

Gaya

Onderwijs, cultuur, yoga en mindfulness
Gedurende het schrijfproces van dit boek stopte ik met mijn vaste baan als docent. Mijn inmiddels ex-collega's bleven echter inspireren en meedenken, waarvoor dank! Docent beeldende vorming Patruschka Hetterschij wil ik speciaal noemen en bedanken voor de inspiratie en foto's voor oefening 59. Compenta (Cultuureducatie met Kwaliteit Drenthe) wil ik bedanken voor de stimulans om dit boek te ontwikkelen. Veel leerkrachten, kindercoaches, kunstdocenten, yogadocenten en mindfulnesstrainers boden aan om oefeningen te testen met hun groepen. Jullie feedback heeft enorm geholpen en bovendien motiveerde jullie enthousiasme me om door te gaan. Heel veel dank (op alfabetische volgorde):

Geesje Alders, Carla Bemelmans-Daemen, Helen van Dijk, Frencis Evertse, Bianca Fieret, Renate Goessens, Lot Halsema, Cindy van Hooijdonk Fransen, Lilian de Jong, Sytske Kan, Jannie de Leeuw, Tatiana Lenferink, Marjolein Loonen, Kayleigh van Mal, Anneloes Stroetinga, Bianca Trommelen, Cathri Verkleij, Daphne Viguurs, Rohan Witteman.

Scholen, creativiteits-, coachings-, yoga- en mindfulnesscentra:
Amsterdam: 1ste Montessorischool De Wielewaal & Mindfulteacher
Delft: Het Mozaïk
Den Haag: RKBS Valentijnschool
Dordrecht: Walburg College
Eelde-Paterswolde: Mariaschool
Emmen: ZMLK Thriantaschool
Gendringen: Christoffelschool
Glanerbrug: Basisschool De Troubadour
Groningen: Mindfulness 4 Kids Noord & OBS Karrepad
Heerenveen: OBS de Optimist
Hoofddorp: RKBS Klavertje Vier
Hoogezand: Kinderyogapraktijk Lichtboom
Hoogvliet: Basisschool Portugaal
Hulsberg: KIEM – Kinderen en Mindfulness

Maastricht:	OBS Binnenstad
Marke (België):	Summa Coaching
Numansdorp:	Bewustr & OBS de Takkenbosse
Raamsdonksveer:	Kinderyoga bij Feeling ontspanning en training
Roosendaal:	Katholiek Primair Onderwijs
Rotterdam:	Valentijnschool
Sinderen:	De Binnenstebuiter creatieve natuurcoaching
Wijlre:	Basisschool Op de 10 bunder
Waalwijk:	Teresiaschool

Foto's

De foto's in dit boek zijn gemaakt door bovengenoemde mensen die onderdelen van het boek uitprobeerden. Enorm bedankt daarvoor. Ook dank aan alle ouders die toestemming gaven om de foto van hun kind een plek te geven in dit boek! Verantwoording van de foto's is achter in het boek te vinden bij de bronnen.

Kunstenaars

Het bezoeken van voorstellingen en tentoonstellingen en het lezen van dichtbundels en kunstboeken was een belangrijk onderdeel bij het tot stand komen van dit boek.
Alle kunstenaars ben ik heel dankbaar, ook de kunstenaars die het niet met hun werk tot dit boek hebben gebracht, maar die me wel veel nieuwe inspiratie hebben gegeven. De kunstenaars die toestemming gaven om hun werk onderdeel te laten zijn van dit boek wil ik extra bedanken.

Fijne samenwerking

Sabrina Wakker weet de ingrediënten die ik aanlever altijd in een passende en originele vorm te gieten en ik ben dankbaar voor de extra puntjes op de i van Marita Weeners redactiewerk. Ik voel me een geluksvogel om met jullie te mogen samenwerken!

Belangrijke mindfulnesstrainers

Tot slot wil ik twee mindfulnesstrainers noemen die beiden essentieel waren voor mijn mindfulnessbeoefening en ontwikkeling.
Frits Koster (www.fritskoster.nl) wil ik bedanken voor het lezen van het manuscript, de mooie aanbeveling en ook voor de zo nu en dan terugkerende vraag of het boek al klaar was. Dat was steeds een goede stimulans om door te gaan. Frits was samen met Caroline ten Brink mijn eerste mindfulnesstrainer; zo werd de basis gelegd.
Robert van Beek (www.robertvanbeek.nl) wil ik bedanken voor het zeer gedetailleerde lezen, het meedenken en de vele verbetersuggesties en ook aanvullingen. Robert was degene die mij jaren geleden adviseerde om een mindfulnesstraining te gaan doen. Terwijl ik dit boek schreef, ontdekte ik dat Robert niet alleen arts en mindfulnesstrainer is, maar ook prachtig schildert! Zo blijken er vaak nog meer verbindingen dan je in eerste instantie denkt.

'Evelien' ©Robert van Beek

'If you want to go fast, go alone.
If you want to go far, go together.'

Afrikaans gezegde

Over de auteur

Irma Smegen (1970) heeft zich altijd ingezet voor het welbevinden van kinderen. Dat deed ze op verschillende manieren en binnen verschillende werkvelden: als theaterdocent, leerkracht, leidster kinderopvang en pabodocent. Nu verzorgt Irma vanuit haar bedrijf 'Speel je Wijs' trainingen, workshops en lezingen. Daarnaast schrijft ze boeken en ontwikkelt Irma leermiddelen om leerkrachten en andere mensen die met kinderen werken te inspireren.

Irma heeft lesgegeven aan kinderen van alle leeftijden. Yoga en meditatie beoefent ze al meer dan dertig jaar en heeft ze altijd met haar onderwijs vervlochten.
Irma is mindfulnesstrainer en verzorgt dagtrainingen, langere trajecten en ook workshops op congressen of binnen scholen en opleidingen. Mindfulness is voor haar een manier van leven. Internationaal werkt Irma in een team met docenten van hogescholen en universiteiten uit verschillende landen aan de verbinding van kunsten met mindfulness, wetenschap en technologie. Het sprookjesachtige Orvelte is Irma's thuis. Ze woont hier met haar gezin en huisdieren en samen met haar man heeft ze een winkel in kristallen, klankschalen en sieraden: 'de Flintenhof'. In haar vrije tijd is Irma graag buiten om bijvoorbeeld te wandelen, te tuinieren, te tekenen of stenen te zoeken.

Meer informatie over Irma en de trainingen, workshops en dergelijke die zij aanbiedt, is te vinden op haar website: **www.irmasmegen.com**.

Ander werk van Irma gerelateerd aan dit thema:

Boek met 52 speelse
mindfulnessoefeningen,
achtergrondinformatie en rustige muziek.
www.speleninstilte.nl

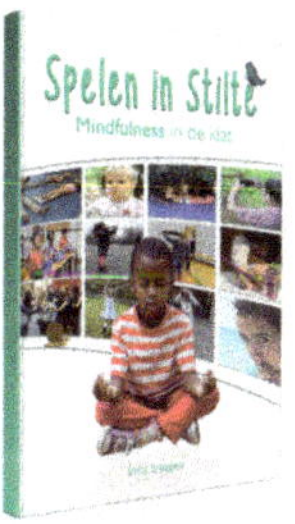

Een prentenboekje waarin je in
woord en beeld ziet wat mindfulness
nu eigenlijk is.
www.mindfulnessyes.com

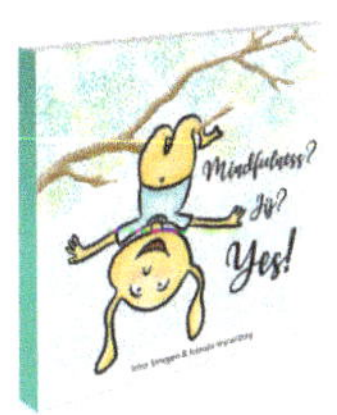

50 opdrachtkaarten met afbeeldingen
in drie stappen (zonder geschreven taal)
om je creativiteit te stimuleren.
www.createandconnect.eu

120 wie-, wat-, waar- en
aanvullingskaarten met afbeeldingen
om over te fantaseren en die
ingrediënten kunnen zijn voor een scène.
www.derolfgroep.nl

Draai de pijl en pak zo snel als je kunt
met de zuignap een kaartje dat hierbij past.
Vertel erover of speel en acteer je verhaal.
www.heutink.nl

Bronnen

ArtSalonHolland. *De traditionele waarneming op de schop.* Geraadpleegd op 28 maart 2018 op http://www.artsalonholland.nl/kunst-stijlen/kubisme-moderne-kunst

Emma Brown (22 september 2016). *Sergei Polunin: the dancer, the artist.* Geraadpleegd op 27 maart 2018 op https://www.interviewmagazine.com/culture/sergei-polunin

Brummer, L. (26 april 2015). *Meditatie, wat doet het echt met ons?* Geraadpleegd op 10 november 2016 op https://www.scientias.nl/meditatie-wat-doet-het-echt-met-ons/.

The Canadian Press (27 maart 2018). *Plogging: an eco-friendly fitness mashup of jogging and picking up trash.* Geraadpleegd op 28 maart 2018 op http://www.cbc.ca/news/canada/calgary/plogging-jogging-trash-pick-up-1.4594739

Alix-Rose Cowie (2018). *Suzanne Saroff: 'There is a beauty in being able to grab my subjects from the grocery store'.* Geraadpleegd op 23 december 2019 op https://wepresent.wetransfer.com/story/suzanne-saroff-perspective/

Drexel University (15 juni 2016). *Stress-related hormone cortisol lowers significantly after just 45 minutes of art creation.* Geraadpleegd op 8 juli 2019 op https://www.psypost.org/2016/06/skill-level-making-art-reduces-stress-hormone-cortisol-43362

Sara Frederiks (8 september 2016). *Mindfulness op school: 8 dingen die je zeker moet weten.* Geraadpleegd op 9 september 2019 op https://www.klasse.be/49286/mindfulness-op-school-8-dingen-zeker-moet-weten/

Michael Govan (5 november 2013). *David Hockney.* Geraadpleegd op 14 februari 2018 op https://www.interviewmagazine.com/art/david-hockney

Caroly Gregoire (januari 2017). *Why silence is so good for your brain.* Geraadpleegd op 30 december 2019 op http://www.huffingtonpost.com/entry/silence-brain-benefits_us_56d83967e4b0000de4037004

Happinez, *'Stilleven - Bob Eshuis'.* Beeldopening nummer 7 2017.

Barend van Heusden (2012). *Wat leren we van cultuuronderwijs?* Rotterdam: Kenniscentrum Cultuureducatie.

Leerwiki.nl. *Wat is de plexus solaris.* Geraadpleegd op 20 mei 2019 op https://www.leerwiki.nl/gezondheid/lichaamsfuncties/zenuwstelsel/11289/wat-is-de-plexus-solaris/

Bernard Maarsingh (13 december 2018). *Lummelende hersenen.* Geraadpleegd op 30 december 2019 op https://www.maarsinghenvansteijn.nl/blog/lummelende-hersenen-1

Niels Mathijssen (25 september 2017). *Fantaseren is overleven.* Geraadpleegd op 18 januari 2020 op https://www.trouw.nl/religie-filosofie/fantaseren-is-overleven~b67401f6/

Anna McNay (30 maart 2014). *Chiharu Shiota: Dialogues.* Geraadpleegd op 7 februari 2018 op http://www.studiointernational.com/index.php/chiharu-shiota-dialogues

Mark Mieras (9 april 2015). *Leren = Vertrouwen.* Symposium cultuureducatie en 21ste-eeuwse vaardigheden. Zwolle: Windesheim.

Museum of Contemporary Tibetan Art (2014). *Contemporary Tibetan Art: Tashi Norbu.* Dharamsala, India: Blackneck Books.

Museum Kode in Bergen, Noorwegen. *Chiharu Shiota: Direction.* Catalogus 2017.

Museum of Modern Art New York (2010). *Marina Abramović: The artist is present*. Geraadpleegd op 27 maart 2018 op https://www.moma.org/learn/moma_learning/marina-abramovic-marina-abramovic-the-artist-is-present-2010

Raadt, R. van der (14 maart 2016). *De pedagogische relevantie van mindfulness*. Geraadpleegd op 20 maart 2019 op http://nivoz.nl/artikelen/de-pedagogische-relevantie-van-mindfulness/

Shuhei Senda (4 augustus 2015). *Tatsuya Tanaka crafts intricate miniature calendar of everyday scenes*. Geraadpleegd op 28 maart 2018 op https://www.designboom.com/art/tatsuya-tanaka-miniature-calendar-08-04-2015/
Caren Simon (8 januari 2013). *Sacraal portret, interview met Tashi Norbu*. 'Geraadpleegd op 22 december 2019 op https://www.creatievevakantiefrankrijk.nl/sacraal-portret-interview-met-tashi-norbu/

Irma Smegen (2017). *Spelen in Stilte: mindfulness in de klas*. Orvelte: Speel je Wijs.

Sabeth Snijders (15 maart 2017). *De korte carrière van de balletster die danste op cocaïne*. Geraadpleegd op 27 maart 2018 op https://www.nrc.nl/nieuws/2017/03/15/de-had-boy-van-de-balletwereld-7375352-a1550243

Tim Spears (26 januari 2018). *Suzanne Saroff distorts food and flowers as if real digital glitches*. Geraadpleegd op 28 maart 2018 op https://www.designboom.com/art/suzanne-saroff-perspective-photography-01-26-2017/

Laura Staugaitis (20 december 2017). *Tatsuya Tanaka Continues Building Tiny Worlds in his Daily Miniature Calendar Photo Project*. Geraadpleegd op 28 maart 2018 op http://www.thisiscolossal.com/2017/12/tatsuya-tanaka-miniature-calendar/

Tijdschrift Positieve Psychologie (12 december 2018). *Waarom stilte zo goed is voor je brein*. Geraadpleegd op 27 december 2019 op https://www.tijdschriftpositievepsychologie.nl/nieuws/waarom-stilte-zo-goed-is-voor-je-brein?fbclid=IwAR0safLWgm0-I5VT3VV-xhLnKvz9nUcpNi2nfTxqIH93OTO5DLT0utGMyYI

Nathalie Wouters (januari 2020). Concious couturier. *Holland Herald*.

Fotoverantwoording
Omslag:
foto Rhona voorgrond Marieke McBean www.marieke.co.uk, foto mediterende Loona links Job IJlstra www.jobsart.nl, foto Irma midden Astrid Reitsema, foto mediterende man rechts Shutterstock.

Binnenwerk (vermelde nummers zijn paginanummers):
Marijke Aerden 98; Geesje Alders Veenstra 57 links, 61, Marco Anelli 55; Robert van Beek 113; Helen van Dijk 40, 69, 108 rechts; Bob Eshuis 59; Bianca Fieret 38, 101; Freepik 109; Renate Goessens 19, 87 onder, 88; Lot Halsema 67; Michael Hart 66; Patrushka Hetterschij 110; Marcel van Hoek 33, 89 boven, 104; Rianne Hofma 73, 82; Cindy van Hooidonk-Fransen 24, 30, 93, 102, 105 links; Lilian de Jong 39, 42, 105 rechts; Sytske Kan 68; Kathy Klein 80; Marieke McBean 95; Sunhi Mang 36; Kokei Mikuni 85; Tashi Norbu 90; Lori Portka 106; Janne Robberstad 114; Anneloes Stroetinga 14, 41, 43 boven en linksonder, 44, 45, 49 boven; Tatsuya Tanaka 70; Corinne Venhuis 31, 60; Daphne Viguurs 32, 58; Albert Watson 50; Rohan Witteman 97, 108 links; David Zinn 94; overige foto's: Irma Smegen

Websites

van de kunstenaars die de inspiratiebron vormden voor dit boek

Kunstenaars:

Marina Abramović	www.mai.art
Bob Eshuis	www.bobeshuis.nl
David Hockney	www.hockney.com
Ronald van der Kemp	www.ronaldvanderkemp.com
Kathy Klein	www.danmala.com
David LaChapelle	www.davidlachapelle.com
Kokei Mikuni	www.rocksportrait.com
Tashi Norbu	www.tashinorbu.com www.museumofcontemporarytibetanart.com
Tony Orrico	www.tonyorrico.com
Sergei Polunin	www.poluninink.com
Lori Portka	www.loriportka.com
Jan Rothuizen	www.janrothuizen.nl
Suzanne Saroff	www.hisuzanne.com
Chiharu Shiota	www.chiharu-shiota.com
Tatsuya Tanaka	www.miniature-calendar.com
Albert Watson	www.albertwatson.net
David Zinn	www.zinn-art.com

Dichters:

Gewoon Jip	www.gewoonjip.nl
Tanja Helderman	www.pikstagram.com/tanja.helderman
Theo Olthuis	www.theo-olthuis.nl

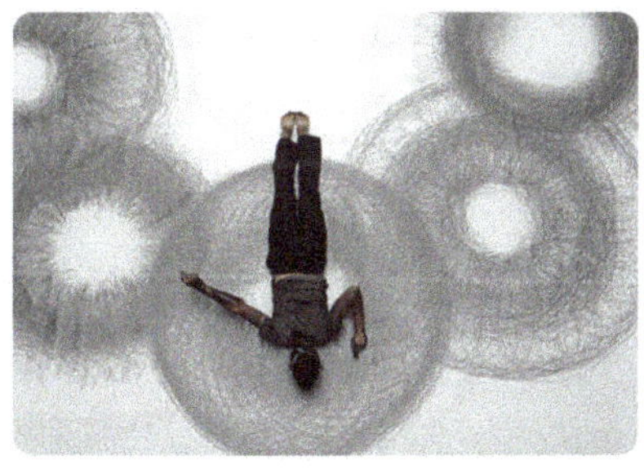
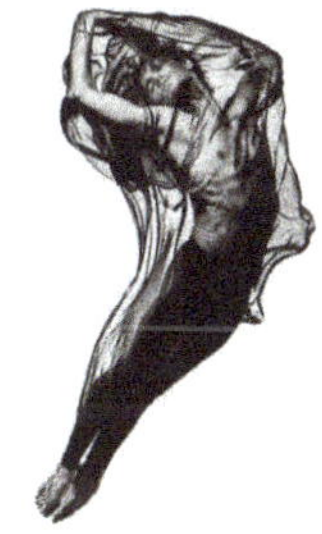

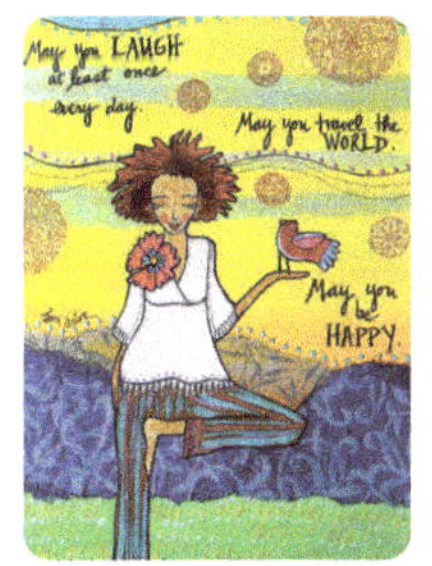
May you LAUGH at least once every day.
May you travel the WORLD.
May you HAPPY.

THE
SOFT
ATLAS
OF
AMSTERDAM